JN169653

山口宗秋 著
Muneaki Yamaguchi

90歳が語る

臨終定年と生きがいづくり

60代、70代では
まだ見えず
傘寿を過ぎて
見えてくるもの

本書打合わせ中の著者
2016.6.17　新宿 京王プラザホテルにて

はじめに

―60代、70代ではまだ見えず傘寿を過ぎて見えてくるもの―

山に登ると、平地では見えなかったものが見えてくる。人生の坂道も同様で、60代70代と歳を取るにつれて、それまで気が付かないでいたことや、分かっていたつもりでいたことが、本当は分かっていなかった――と思うようなことが増えてくる。

気が付いてやり直しがきくものはそれでもよいが、加齢と共に取り返しのつかないことも増えてゆく。その最たるものが高齢化・長寿化・老化に伴う問題で、家族を含めてだんだんと、他人事だと済ませておくわけにはいかなくなってくる。

長期化しつつある高齢期は未知の世界である。そこで生じてくる諸問題は、まだやる気十分な人にとっては縁の遠いことかもしれないが、何れ誰もが必ずぶつかっていかざるを得ない問題であり、人生でただ一度の勝負を挑む世界でもある。したがって、心も体も頭も健康で、天から与えられた自分の、その年代に相応しい役割、生き方を見出して、「いきがい」のある日々を過ごしながら、天寿を全うし、最後は人生の定年＝臨終定年を目指していきたいものである。これが「生涯は現役で」ということである。

それにはどうしていったらよいか？　これが本書の中心課題であり、年代別に見た高齢者の特徴的な傾向に、要件別に見た場合の最重要視すべき四つの留意点を選んで重ね合わせ、具体策を例示してみた。

いわゆる定年になってから考えたのでは遅いという意見もあるが、自分のこれからの人生にとって一番若いのは今＝現在の自分である。気が付いたら始めるのに遅過ぎることはない。結果を出していくのは自分であり、自分の人生は自分の責任で決めていくべきである。

私は長年にわたって関わってきた高年齢者の雇用・活用の問題や、コンサルタントとしての実体験に、私自身が現在実際に向き合いつつある高齢化・老化の進行の現実を重ね合わせながら、これから高齢化・長寿化に伴う諸問題に対応していくことになる方々のために、少しでも実際のお役に立つような項目・内容をと心掛けて本書をまとめ

てみた。

年長者は、自らの実体験を踏まえて、後から来る人々（高年齢者予備軍）に、未知の世界への準備の大切さを伝えていく必要があると思う。

平均寿命が延びても、心身ともに健康で、生きがいのある日々を送れるようにしていかなければ意味がない。それには毎日の積み重ねがものをいう。

私は「一生涯は現役でいこう。そして人生の定年は臨終定年で」を旗印に掲げている。長寿社会の生き方としては、お互いに、人生の定年年齢は臨終の時と考え、臨終定年に達するまでは、最期まで「一生涯現役」の旗を掲げ続けて、「生きがい」のある有意義な人生を目指して生きていきたいものである。

山口宗秋

はじめに

第一章　高齢化・長寿化をめぐる身近な問題の棚卸し

第五章　加齢と共に重みを増していく健康の維持・管理

第八章　仕事で自分を活かしていくには

第一章　高齢化・長寿化をめぐる身近な問題の棚卸し

――盲点・課題・対策など――

1．長寿化の進行に伴って、はっきりしてきたこと

――頭で考えていた時代 ↓ 体で感じる時代に――

「高齢化」とはどういうことか、「老化」とは一体どこが、いつ、どのように変わっていくのか。

それは、頭の中でごく大雑把に考えていたものであったと、歳を取るにつれて分かってくる。高齢期は、私たちにとっては未知の世界である。

高齢期の中には、「病」とか、「老化の進行」とか、「生活を支えていく経済的基盤の変化」とか、「家族構成や家庭環境の変化」とか、いろいろな問題が潜在しており、かつこれらは加齢と共に質的にも変化していく。

こうした実態は、自分自身がその年代になって、実際に体験してみないと分からないこ

とが多い。その上、自分がその年代に達してなるほどと分かってからでは間に合わないことも多い。この両者が混在しながら、同時進行的に歳を取っていくのが、私たちの高齢化の姿である。

2.「高齢化・長寿化時代の到来」は他人事ではない

高齢者のモデルの少なかった時代には、私たちは高齢化をマクロの視点から捉え、頭の中で考えた知識（理屈のレベル）で、泥縄式に試行錯誤の対応を重ねていかざるを得なかった。しかし、いまや60歳の平均余命が約20年、70歳で約15年、80歳になってもまだ10年、90歳まで生きた人はなお5～6年は生きられると言われる時代であり、高齢化・長寿化は他人事ではなくなってきた。こうした年代に達して、個人的な体験の内容はそれぞれ異なっていても、実体験を積み重ねつつある高年齢層が急ピッチで増えてくるにつれて、これらは一般的な問題現象として顕在化し、集約されて、共通的な問題意識にまで煮詰められ、共有化できるようになってきた。これは後に続く者にとって大変有難いことである。こうした流れの中での、高齢者自身の未知の世界への絶えざる挑戦の姿が、高齢化の実際の姿であるともいえよう。

しかし、長寿化が進んでいく限り、これからも未知の世界は、先へ先へと広がっていくはずで、これは社会全体で見ても、個人の立場に置き換えて見ても同様である。高齢化・長寿化のモデルは増えているといっても目先の問題対策だけでは不十分である。お互いに他人の貴重な体験を、代理体験という形に置き換えて共有し合い、これから先の自らの長寿化対策に活かしていきたいものである。

3. 再確認しておきたい高齢期間の長さ

企業の定める定年を基準にして考えると、ひと昔前までは、定年後は「のんびり余生を送る」ですんでいたが、平均寿命が大幅に延びた現代では、「早すぎる定年」「定年後も本番の人生」と考えるのが当たり前の時代に変化している。そして、この長期化しつつある定年後の期間を、「どのように生きていくか」「生きていけるのか」が、多くの人々に共通した大きな今日的課題となってきている。そこで、自分自身の高齢期間が、今後どのような長さになっていくのかを再確認しておく必要があろう。

次にこれを、具体的な数字で例示してみよう。

20歳で就職し、定年（60歳）までの現役時代の労働時間を、1日10時間（所定労働時間・

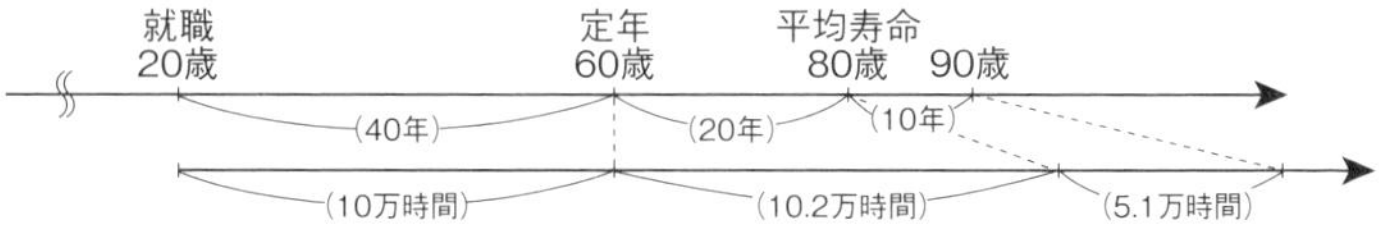

残業時間・通勤時間の合計）とし、週休２日制で年間の労働日を２５０日とすると、40年間では10万時間（10×２５０×40）となる。

　定年後は原則として拘束時間が無くなり、１年３６５日が自分の意思で自由に使える時間となる。そこで１日24時間の内、睡眠・食事・トイレ等の生活必要時間を10時間とすると、残りの14時間は、働いても、何をしなくてもよい自由時間となるので、80歳までの20年間の自由時間は10万２千時間（14×３６５×20）、90歳までの30年間では15万３千時間となる。

　80歳までの20年間の自由時間はほぼ現役時代の労働時間に匹敵し、90歳までの30年間では、現役時代より53％も長い。長寿は喜ばしいことであるが、この長い高齢期間の生活をどうしていくのか。これは多くの人々に共通する大きな今日的な課題ではないだろうか。

　ひと昔前までは、定年後の生き方について、悠々自適型の人が10％、挑戦型の人が10％、あとの80％の人は成り行き型だといわれていたが、現在の厳しい社会経済環境の中にあって、果たしてこれからも受身の、成り行き任せで生きていけるであろうか。

　定年後の長い高齢期間を、生きがいのある期間としていくためには、早くから前向きに、挑戦型で対処していく心構えが必要であると思われるが、現実の姿はどうであろうか。

4．第一の人生と第二の人生

(1)「定年後が第二の人生」でよいのか

制度はその時代のニーズから生まれた産物である。したがってニーズが変われば制度も変わっていかないと役に立たなくなる。企業の定年制度も例外ではない。

定年制度は、戦後、一般的な制度として中小企業にも広く普及定着して今日に及んでおり、大多数の人々が「定年後を第二の人生」と考えるようになってから久しい。

定年が55歳から60歳に引き上げられ、法制化されたのは１９９８（平成10）年（男子の平均寿命が77歳、60歳の平均余命は21年）である。その後も高齢化が進み、高齢者人口が急増して、現在では長寿化・高齢者社会といわれるようになってきているが、定年制の方は、なお65歳定年の実施を前提とした、65歳までの継続雇用が法律で義務付けられているという状況である。以上のように、背景となる社会経済環境は大きく変貌しつつあるというのに、定年に関する意識は、あまり変わっていないように見受けられるが、どうであろうか。

以上のような大きな流れの変化を背景にしながら、従業員を抱える企業は今後どう対応していくべきか。――以下、企業の検討が必要と思われる主な問題点・課題を項目列挙してみた。

① 生まれてから死ぬまで、切れ目無く続いている人生を、「定年」が中断している。しかも、定年前と定年後が断絶していないだろうか。

② 定年後の問題は、労使共通の検討課題である。

企業の立場から見た課題・責任がある。個人（従業員）の立場から見た課題・責任もある。私は企業の責任が50％、個人の責任が50％と考えている。

③ 「企業」という言葉は極めて抽象的で曖昧である。人が企業を創り、制度を作り、組織を管理し、事業を推進しているのが企業の具体的な姿であるが、人が見えてこない。この人の中には管理監督者、企業の方向付けをしていく指導者・経営者も含まれており、彼らにも老後があり定年があり、定年後があることが見落とされている。

④ 高齢化・長寿化時代にふさわしい、時代のニーズに応えられる新しい定年制度への脱皮が必要であるが、検討の対象外で、話題にもなっていない。

以上の内容・対策は、多岐にわたるので、ここでは触れない。

（2）「第二の人生」とは何か

企業の定めた定年年齢は、その企業における雇用期間の終期を定めた年齢であり、企業の都合によって変わっていく。したがって自分の人生とは全く関係がないはずである。

第二の人生とは、本来は自分の人生で大きな転機を迎え、目前に迫った大きな節目、障壁を乗り越えて、新しい未知の世界に踏み出していこうという、強い決意・意思決定の下に新しい目標を設定し、これを目指して自ら行動を起こしていく転機とするために使われてきた言葉であったと思う。

第二次世界大戦の渦中にあって、自らの生か死かの選択の自由さえ与えられなかった時代を実体験した当時の私たちの世代にとっては、敗戦後、無からスタートして、今後どのように生きていくかは非常に重要な課題であった。そこから私たちの第二の人生が始まり、日本の復興と歩みを共にしながら今日に至っている。戦後70年を経過して、時代は大きく変わってきた。そして現在はどうか。私たちは今、誰もが避けて通れない新しい大きな課題に直面している。その中の最大の問題の一つが、急速な高齢化の進行と、これに伴う長寿化社会にどう対応していくか――という問題である。

これまでの考え方の延長でやっていけるのかどうか。

こうした面からも、改めて自分の「第二の人生」を捉え直してみる必要があると思う。

（3）「人生二元論」――還暦の見直しと活用

高齢化が進む我が国では、90歳代は既に誰にでも手の届くところにあり、「人生百年時代の到来」にも違和感がなくなり、長寿化の質が問われる時代に変わりつつある。

このような趨勢に着目して、2007年1月、蓮井昌雄氏は、「ZAITEN」（財界展望社）誌上で、持論の「人生二元論」を提唱。NPO法人・全日本健康倶楽部を設立し、以後この考え方の普及のため、実践的な活動を展開して今日に至っている。

蓮井氏の提唱する「人生二元論」とは、生まれてから還暦までを一元の人生と考え、二元の目標は120歳。最期はピンピンコロリを目指して、元気で頑張っていこうというわけである。

二元の人生に与えられる時間は平等ではない。自分の意思次第で、長くもなれば短くもなる要素が多分にある。老後はどうでもいいやと投げやりで、不摂生な生活を過ごす人は天寿を全うすることなく、不遇な末路をおくることが多くなる。

片や幾つになっても生きる目標を持ち、生きがいや自己実現の夢を追いかけている人は、健康長寿につながり、一元でなし得なかった夢や目標を実現するチャンスに恵まれる。

人生の舞台は、一元は予選ラウンド、二元こそが決勝ラウンド。周りから拘束を受けることなく、自らの意思で本当の意味での自己実現が可能な本番の人生である。明るく強く生き抜くことが大切だ。寿命は延びても老後は寝たきりというのでは意味が無い。しかし一般には、目先元気だとつい日常の健康の維持管理が疎かになりやすい。特に定年後の高齢期には、予防を含めての配慮を怠ると、取り返しがつかないことになる。

そこでまず還暦を出発点として、以後10年ごとに節目（目標）を設け、古稀、傘寿、卒寿等を参考に名称を付け、百歳を百寿、百二十歳の大還暦を完寿として、10年の節目ごとに「健寿式」を行っていこうと提唱。こうした趣旨に賛同して、埼玉県の八潮市では、２００７年以後、毎年市が後援して「やしお健寿の集い」を開催している。

企業の、自社の定年退職者を対象としたＯＢ会などでも、施策の一環として、参考にされては如何かと思う。

自分自身の第二の人生をどう考えるかは各人の自由であるが、高齢化が進むにつれて、いろいろな変化が生じてくるので、変化への対応・準備が必要となる。これは少しでも早いほうがよい。

定年後は自立して、自分の人生は自分の責任で切り開いていかなければならないのであるから、定年になってからその先のことを考えるようでは間に合わない。

そこで、企業で働く場合の定年は定年として、自分の第二の人生の目標の設定やその後の見直しは、遅くとも還暦を目安に置くべきである。還暦までの第一の人生は受身の時代、教えられ学びながら実力をつけ、自立していけるような人生の基盤づくりの時代なので、拘束も受ける。還暦からの人生は、本来の意味での自己実現の時代である。それまでの長年の経験・蓄積を、自らの意思で具体的に応用・展開していける可能性の大きな時代なので、生涯現役の考え方を柱として生きていけるようにしたいものである。

以上のようなことを参考に、私自身は、時代の必要や企業の都合で変わっていく定年年齢には関係なく、還暦（60歳）を人生の一つの節目と考え、第一、第二の人生を含めて、一生涯現役の生き方を貫いていきたいものだと思っている。

5. 高齢期に期待される生き方とは

歳を重ねるにつれて、次第に社会的にも一目置かれるようになり、人生における一応の役割を果たし終えて、次のステップに移っていこうとする人々が目指すべきものは何か。

その第一は、生きがいづくりと、これを持続的に展開していくこと。第二はこれを土台として、社会貢献の一翼を担っていくこと。第三は長寿化の質・内容が問われる時代への変化に前向きに対応していくことであると思う。

多くの人々に共通する思いは何か。――その第一は「生きがいのある充実した人生を過ごしたい」という思いであろう。しかし、そのためにはどうすればよいかとなると、なかなか難しい。

まず必要なことは、自分にとっての「生きがい」とは何か。どんな場面で「生きがい」が感じられるのだろうかと、掘下げて考えてみることであろう。これが、生きがいづくりへの出発点となるのではないか。それには、自分の子供の頃の体験や、企業に在籍中の頃の体験を思い出してみるとよい。たとえどんな小さなことでも、自分独りだけの満足・幸せの追求よりも、自分の行為やその結果が、周りの人から喜ばれる、頼りにされる、周囲から認められ、注目され、感謝される、そして社会（周りの人々）の役に立っている、何かを期待されていると実感できたときの方が、遥かに充実感が大きかったはずである。

したがって、世の中との関わりを維持し、その関わりの中で、自分の持ち味や体験を活かしていくことで、人（社会）の役に立っていると実感できることが、生きがいにつながっていくことになる。夢があること、やりたいことに挑戦していく意欲が、老化にブレーキを掛け、余生の支えとなる心身の健康を維持していく原動力の一つとなる。

しかし世の中は、常に変化し進歩し続けているので、何時までも自分の過去の財産（知識・経験など）の上にあぐらをかいていると、意欲があっても陳腐化して、人（社会）の役に立たなくなってしまう。売れる商品の在庫が無くなれば商売は出来ない。

「生きがい」を維持していくには、世の中のニーズ・変化に対応していけるような仕入れ、つまり新しい情報を取り込み、多くの人々と交わりながら、新しいことを学び、自分を磨き、いつも自分らしいものを創造・補充していくことが必要になる。元気な人を見ると、みな年齢に関わりなく好奇心・向上心・探究心が旺盛である。

若者には無い才能・智恵を、どこでどう活かしていくか考えていく。これが絶えず「生きがい」を生み続けていくことになるのではないか。

この様な面での自己啓発の努力の積み重ねによって、年代と共に人間的な深み、厚みが増し、高齢者に期待される内容も変わっていく。こうした先人の姿・歩みに学んでいきたいものである。しかし現状を見ると、内に引きこもって外に出て行かない高齢者が多いように見受けられる。特に男性に。

生きがいづくりの第二は、高齢者社会の一員として、新しい時代のニーズに、積極的に参画していくことであろう。高齢者にも新しい役割分担が求められる時代に変わりつつある。

これまでは、高齢者は一律に社会的弱者として、支えられる立場にあると見なされてきた。しかし急速な高齢化の進行によって、高齢者人口が増えるにつれて、個人差が目に見える形で拡がってきた。寝たきり、要介護など、支えが必要な高齢者が増える一方で、なお心身共に元気な、現役並みに働ける高齢者も増えている。その上少子化が進み、総人口が減少過程に入り、高齢者比率が増大傾向を示しており、「高齢者の定義の見直し」が必要になってきている。

高齢者もこうした時代の流れに対応して、生産的な面での「社会貢献を」という社会の期待に、積極的に関わっていくことが、自分を生かしていく道につながっていく。

第三は前述したように、長寿化の質が問われる時代に変わり、高齢者福祉の問題・対策が新しい重要課題として台頭してきたことを受けて、これに前向きに対応していくことである。これはコンサルタントにとっても新しい検討・活動分野である。

老化は誰もが避けて通れない。この老化の進行に伴って、誰もが次々と新しい問題に直面していくことになる。そこで、マクロの対策はさておいて、私たちは自分自身の問題として、自らの老化への対応策を考えていく必要がある。

例えば、私のところには毎年2回、自治体から、その期間中にかかった医療費の総額（自己分担分＋保険者負担分）やその内訳（受診年月・医療機関名・受診日数・回数その他）の通知が来る。日常医院の窓口で医療費を支払う時の負担感は少ないとしても、これを見ると、加齢と共に医療費や内容がどのように変化し、増えてきているかを知って驚く。また確定申告の時には、家族を含めての医療費控除額やその内訳に対面することになる。

また周囲を見ていると、家族を含めての目に見えない精神的・経済的な生活面での負担が、介護と言う形を通して、いずれ自分たちにも降り掛かってくるに違いないと実感させられるような場面に出会う機会が増えてきている。これらのトータルが、国の医療費・社会福祉の費用につながっていく。

こうしたことを考えると、まず身近で今直ぐにできること、必要なことは、自分の日常の健康の維持管理、介護予防につながる運動で貯筋を増やしていくことである。

この様な土台の上に、生涯現役の生き方が生まれていく。

第二章　一生涯現役と臨終定年

1．私と「生涯現役」との出会い

私はコンサルタントとして独立した40歳代の後半に、その道の先輩から、年代によって仕事の在り方、生き方を変えていくべきだと教えられた。当時はそんなものかと軽く受け流していたが、歳を重ねるにつれてこの一言を巡り、自らに向かって禅問答を繰り返すことになり、今日に及んでいる。

こんなことを考えている人はあまりいなかったし、答えを教えてくれる人もいなかった。しかし加齢と共に自分自身も変わり、自分の身辺・社会環境・仕事・人脈その他も年々変化していく。こうした事実にぶつかっていくうちに、50代には50代なりの、60代には60代らしい回答が見えてきた。分かってみれば当たり前のことだが、それがなかなか分からなくて、余計な苦労もし、後悔もし、失敗もした。その延長線上に今の自分がある。

「定年と人生に関わる問題」について考え直してみようと思った切っ掛けもその一つであった。

私は、自由業には定年はないと思い込んでいた。ところが78歳になった時に、初めて「私にも定年があったのか」と気付かされた。大分前に、評論家・エッセイストとして活躍された俵萠子氏が「自由業にも定年がある。ある日気が付いてみたら、ぱったり仕事の注文が来なくなっていたという日が必ず来る」と、自分の体験を書かれた本を読んだことがあった。その時はまさかと思っていたが、自分も同じような経験に見舞われたわけである。そこで何人かの仲間に聞いてみたら、やはり大同小異の経験をしていることが分かった。そして、その時初めて、私がそれまでに知っていた「定年」や「定年退職者」を巡る問題は、私の頭の中だけの知識に過ぎなかったのだということを知った。

定年退職者が実際にどんな心境で定年を迎え、その時どんなことを考えるのだろうか——といったことを、改めて自分自身の問題として考えてみようという気持ちになった。

この辺が年貢の納め時、そろそろのんびりしたらと、世間の常識（定年にもいろいろある。この圧力も定年の一つ）にブレーキを掛けられて、引退をと考えてみても、それならそれで、これから先どうするのかという問い掛けが追いかけて来る。「呆け人間になりたくなかったら、これからの人生百年時代を自分なりにどう生きていくか」という新たな設問にぶつかって、再び禅問答を繰り返していかざるを得なくなった。私が初めて「生涯現役」という言葉と真正面から向き合うことになったのは、こうした時であった。

2.「生涯現役」とはどういうことか

(1) 生涯現役のフォーラムに参加しての第一印象

たまたま、日本生涯現役推進協議会という団体が初めて主催したフォーラム「21世紀、生涯現役の時代来る」(2004年6月)の新聞広告を見て参加したのがご縁となって、以後これから先の自分の生涯現役探しの一環として、このテーマを自分なりに掘下げて考えてみようということになった。

このフォーラムに参加して感じたことは、一般の人々にとって、大変関心の深い問題であり、定年前後と思われる年代の参加者が多かったこと、そして彼等の考えている生涯現役の物差しの長さは、大体60歳代を中心とした、せいぜい70歳位まで、その中でも特に目先の問題に関心の重点が置かれているように見受けられた。

「生涯現役」というキャッチフレーズは、人々を元気付け、明るい気分にさせる響きがある。何となく力づけられる。しかしよく考えてみると、「生涯現役」とは一体どういうことなのか。その内容を一言で説明するのはなかなか難しい。「若い頃と同じように、何時までも元気でいこうという心意気、心構えを持ち続けていこうということなのであろうか。」――それはそれで何となく分かったような気もするが、内容は漠然としていて、掛け声だけが空回りしているように思われた。これが第一印象であった。

こうしたことからこの機会に、「自分自身にとっての生涯現役とは何か」ということを含めて、改めて言葉の意味や期待される役割について考えてみることにした。そしてこの協議会の事務局的な存在であるライフ・ベンチャー・クラブ（L・V・C）の会員となり、毎月の例会に出席して、皆さんの話を伺うことにした。

L・V・Cの東瀧邦次会長は、同会の創設者であり、「生涯現役」の提唱者でもある。同会は1985（昭和60）年に発足した。

その後「生涯現役」の用語が流行・乱用されたため、商標登録を申請し、1997年4月に認可を受けている。

（2）客観的に見た「生涯現役」の社会的評価の変化

「生涯現役とは何か」――をよく理解し、これを自分の血となし肉となしていかなければ、これを実際の行動に移していくことも、人に説明することも出来ない――と考えて、その後1年がかりで思索を重ね、それに私がこれまで関わってきた高年齢者の雇用に関する仕事上の体験を加味しながら、その結果を『生涯現役時代への挑戦』（産業能率大学出版部・2006年9月）という題名で発表し、世間の評価を仰ぐことにした。これには産業能率大学の上野一郎先生から推薦文も頂戴し、L・V・Cの普及活動にも、多少なりともお役にたてればと意気込んでいたが、世間からの評価は厳しいものとなってしまった。PR不足もあったが、内容も借り物で、消化不良であったと反省させられた。

そこで、内容や構成を再検討・再構築して再挑戦を試みながら、幾つかの出版社を含めて、多方面の意見を集約してみた結果、「生涯現役は、もう手垢で汚れて新鮮味が失せ、魅力が無くなってしまったので、この種の出版は無理だ」という結論に達した。自費出版を勧めてくれる人もあったが、自分の本当の狙いは出版ではなく、「自分にとっての生涯現役とは何か」を追究し、自分が納得できる回答を引き出して、自分のこれからの指針にしていこう」というところにあったので、仕切り直して出直すことにした。人によって見方考え方はそれぞれだと思うが、仕切り直しの結果見えてきた実感を以下にまとめてみた。

前述したように、私が初めて「生涯現役」という言葉と、問題意識を持って出会った頃は、「生涯現役」は、社会の流行語の一つとして、多くの人々の注目を集め、社会の各方面に新鮮な話題を提供している、輝いている言葉であったと思う。

しかし、その渦中に入って、「生涯現役」の麻薬にどっぷり浸っている間は気付かなかったが、少しばかり距離を置いて見直してみると、「生涯現役」は何時の間にか、かつての力強い輝きを失い、何となく色があせて来たようで、ごく一般的な普通の言葉として定着し、このまま埋没していくのではないかと感じられるようになってきた。一時的な流行語として終わらせてしまうのは、大変勿体ないことだと思う。

高齢化・長寿化が急速に進んで行く時代だからこそ、人生の指針として深く掘下げ、実際に活かしていく必要があるのではないかと、改めて実感させられた。

(3) いわゆる「生涯現役」の四つの盲点

生涯現役で生きていくにはそれなりの準備が必要であり、本当は定年になってから考えたのでは間に合わない。第二の人生は30年、あるいはそれ以上と長期化しつつあるので、これから先のことを考えれば、今が一番若いのだから、今から再スタートしてやり直せばよいという考え方も間違ってはいない。また既に高齢期に足を踏み入れてしまった年代の人にとっては、遅過ぎるから駄目だともいえないが、これから高齢期を迎える年代の人々に対しては、もし自分のこれまでの歩みに問題があったと気付いたら、先輩として、「準備は少しでも早くから」とアドバイスしていきたいものである。

それにはまず、私たちの意識の中に深く根を張っている「生涯現役」に関わる盲点を洗い出してみる必要があろう。ここで言う盲点とは、言われてみれば当たり前のことで、「誰でも知っているつもり」でおり、「誰でも分かっているはず」だと思い込んでいるにもかかわらず、肝心のいざという場合には、問題意識の枠外に置かれていて、実際の役に立たないものを言う。

私は一般の人々が、日常何気なく使っている「生涯現役」には、少なくとも次の四つの盲点が潜んでいると思う。

その第一は、世間で一般に「生涯現役で」と言っている場合、一体どの時期を指して言っているのだろうか——という問題である。定年後を念頭に置いて考えている人がほとんどではないだろうか。しかもそのイメージしている定年後の射程距離は、意外に短いように思われる。（未知の世界のことだから、考えが及ばないのは止むを得ないが……）

その中でも特に当面の問題・対策に関心の重点が置かれているように思われる。しかし、歳を取るにつれて問題の関心の内容は変わっていくはずなので、その射程距離（範囲）は、これから先も広がっていく未知の世界を含めた高齢期全体に及ぶものだと考えておくべきである。

第二は、この高齢期は、独立した存在（期間）ではないということである。高齢期は人生の後半を占める部分であって、働き盛りの前半部分と連結しており、原因と結果の関係を折り重ねながら、長い人生が出来上がっていくので、生涯現役は高齢期だけの問題ではないということを見落としていないだろうか。

第三は、「生涯現役」という言葉は、前述したように、人を元気付ける素晴らしい響きがあるが、極めて観念的で内容がはっきりしていない。漠然としたつかみ所の無い状態で人々の心を捕え、他人には分からない主観的な解釈の下に多用されている面がある。その強い暗示力を利用して、商売上の広告宣伝にも利用されたりしてきた。

「生涯現役」も、独りよがりの掛け声だけでは、根の無い浮き草のようなもので、これでは一時的な効果に終わるだけで意味が無い。

第四は、生涯現役の具体的な内容は、誰にも、また何時でも共通するような一律的なものではないということである。人により、立場により、また同じ人間であっても、歳を重ねるにつれて、これをどう行動に移していくかとなると、その方法や形は変わっていくのが自然だと、流動的に考えていくべきであろう。これでなくてはいけないということは無い。経験を重ねることで、幅や深みも増していくはずである。

これらの盲点を踏まえて、一般論ではなく、「自分自身にとっての生涯現役とは何か」をはっきりさせていくことが大切だと思う。

3．生涯現役社会の裏側――未知の世界への不安感

（1）生涯現役の表面と裏面

「生涯現役には二つの側面がある」ということも、前述した盲点の一つに加えておくべきだろう。

「生涯現役で」というのは、自らの高齢期に挑戦していこう、自己実現の場を広げていこうという、前向きの意思・姿勢を示す生き方である。加齢と共にいろいろな人生経験を積み重ねることによって、それまでの若い時代には見えなかったものが見えてくる。分からなかったことが分かってくるので、生き方にも幅や深み、味わいが出てくる。したがって、これまで出来なかったことが出来るという可能性が広がり、大器晩成を期することも夢ではないという明るい面だけが強調されがちである。

しかしその裏側には、高齢化・長寿化の進行に伴って生ずる不安感を生み出す世界が潜在しており、これが前述の生涯現役の生き方に、負の働きかけをする側面があるということを見落してはいないだろうか。

高齢化に伴って、いろいろな機能が衰えていく。こうした老化を無くすることは出来な

い。したがって、老化の進行を肯定し受け止めて、老化の進行の現実と上手に付き合っていく工夫を重ねながら、心身の老化のスピードを遅らせていく努力が必要になる。

このためには、自分の過去・現在の棚卸しをして、何が出来なくなって来たか、まだ何が出来るか、老化の進行度合（現実）を確認しながら、前向きの対応策を講じていく心構えが欠かせない。老化の進行度合には個人差があるので、周囲の人と比較しても始まらない。（これは私の最近の実感でもある。）

こうした負の側面は、若い時は勿論、まだ定年前後の気力・体力が充実している年代ではよく分からない未知の世界である。しかし、加齢と共に少しずつ体力が衰えてきて、何となく自らの変化を実感するようになってきたり、世代交代が進み、親しい仲間が減り、自分の意思とは関わり無く周囲の状況が変化していくという現実の中で、歳を重ねていくにつれて、新しい対応の在り方が問われるようになって、初めて分かってくる。

しかも長寿化の進行によって、こうした未知の世界、高齢期は更に先へと広がっていくのではないかと予測される。

したがって、取り越し苦労をするわけではないが、当面の生き方と共に、将来に向かっての、漠然とした不安感の芽を、育てていかないようにしたいものである。

（2）不安感を生み出す五つの喪失

生涯現役を目指す高齢期も、生産的・創造的な時代にしていきたいものであるが、半面は喪失の時代でもある。これまで築いてきた多くのものを失っていく過程で、いろいろな不安要因が顕在化してくる。

不安感の具体的な内容は人により、立場により、年代によって、その関わる範囲や軽重も違っていくが、老化の進行につれて、遅かれ早かれ誰もが遭遇する課題を含んでいる。したがってできるだけ不安要因を少なくして、生きがいのある生産的な生き方を志向し、努力していくことが望まれる。

不安感を生み出す要因は要約すれば次の五つの項目に要約されよう。

①　身体的喪失（健康面での障害の増加）
②　精神的喪失（生きがいへの意欲の低下）
③　経済的喪失（生活の維持基盤の弱体化）
④　社会的喪失（社会との関わりの場の減少、喪失）
⑤　人間関係の変化と喪失（家族・家庭環境の変化、知人・友人等の減少など）

これ等の喪失に起因する不安感は、相互に関連しあって、複雑な姿で、目に見える形となって現われてくるのが普通である。現実の姿となって現われてきた問題・現象に向き合って解決して、一つの節目を無事通過しても、また次の節目がやってくる。これ等を一つ一つ乗り越えながら、更にその先へと進んでいく。その繰返しが、裏面から見た生涯現役の姿でもある。――ということを考えて、裏側の問題への備えも怠らないようにしていきたいものである。

4．一生涯現役と臨終定年

以上のような盲点への対応を総括すると、しっかりとした人生の考え方、生き方の基盤があって、その基盤は歳と共に磨き上げられていくものであるから、本来は「一生涯現役」というべきであろう。

したがって、一生涯の中のどの時点で切って見ても、その時点までの自分の生き方のトータルの姿が滲み出ていることを再確認して、今後に対処していくべきだということになろう。そして「生きがい」を、過去・現在・未来を貫く一本の串としていくことが大切だということになる。

しかし、誰にも寿命がある。寿命は自分で自由に決めることは出来ない。したがって

「一生涯現役で」というのは、自分の寿命が尽きるまでの間の生き方の問題であり、天寿を全うできるように生きていくことでもある。難しい言い方をすれば、人間は何のために生まれてきたのか——選ばれてこの世に生を受けたということは、それなりの意味・役割があるはずだと考えて、有意義な人生を送りたいものである。

こうした観点から、「定年」の意味についても再確認しておく必要があろう。

「定年」は企業の都合で定めた定年を中心として、いろいろな場面で使われており、人びとの意識の中に深く浸透してきているが、本当の定年は人生の定年、つまり「臨終定年」だと考えるべきである。臨終定年を目指して、誰もが元気で頑張っていきたいものである。

第三章　一生涯現役でいくための諸要件

1. 急速な長寿化の進行に伴う重要な意識の変化

――「高齢者とは」の見直しが必要に――

定年にもいろいろある。企業の定める定年だけが定年ではない。「世間の定める定年」もその一つである。時代の変化を反映しながら、長い間かかって作られてきた社会的な風習・慣行に支配され、世間の常識と化した一般的な見方・考え方に根付いたものである。

わが国では、高齢化の急進展にもかかわらず、定年制度の常識・しきたりに引きずられて、「老人は周りが作って、本人をその気にさせていく」というような慣習が当たり前となり、長い間「定年が老人づくりの入り口、第一歩」となってきた。本人も「まだ元気なのに」とそれに反発を感じながらも、何となくそんな気にさせられていくという意識から抜け出せない、という人が多かった。高齢者・長寿者の急増によって、最近はこうしたイメージも急速に薄れつつあるようであるが、それでも、意識の壁は厚い。

老年医学や老年学の世界では、既に30年以上も前から、75歳までは中高年に比べ、医学的に見て遜色なしとして、「75歳現役社会は可能」との意見が提唱されていた。

現在ではまさに、当時のこれらの提言が実証されつつあるといえよう。

定年が65歳に延長されて、雇用期間が延びたり、定年を超えて雇用期間が継続されたとしても、その先には同じような雇用期間の終期が控えているので、「その先はどうするのか」という問題が解決されたことにはならない。

私たちの周囲を眺めながら、これらを総合して見ると、「高齢者の定義は見直す必要がある」という意見が出てくるのは当然のことと思われる。

2. 高齢者の能力とは何か

――能力の再確認が必要ではないだろうか――

ひと昔前までは、「高齢者はお荷物だ、役に立たない」という考え方が一般的で、戸籍年齢で能力が測られる傾向が強かった。

98歳で「一枚のハガキ」を発表し、100歳の誕生日（2012年5月）を過ぎて亡くなった映画監督の新藤兼人氏は、「午後の遺言状」を発表（1995年）された当時、「映画の中の老人というと、決まって笠智衆さんのような、達観した人物が描かれている。それは80歳代で脚本を書いたり監督したりする人が居なかったからだ。老人が皆枯れているわけではないし、決して枯れた存在ではない。」と述べていたが、急速に高齢者人口が増え、かつ長寿化が進むにつれて、高齢者に対するイメージは大きく変化してきている。

新藤氏は、「人生80年は枯れ木のように老いた期間が長引いたのではなく、才能や知識、見識、経験が頂点に達した期間が引き延ばされたのである。今の80歳は昔の60歳くらいであろう。まだまだ能力はある。しかしその能力は、何度も失敗して、いろいろな紆余曲折を体験しながら、それらを乗り越えてきた能力である。だから、覚悟とか勇気とか、生き方とか、若い人には無いものが含まれている。そういう年齢自体が一つの能力である。定年を超えたら引退して静かに暮らすべきだというのは、老人を理解していない。

私は間もなく89歳（当時）になるが、これからも撮り続けようと思っている。歳を取ったら歳を取ったなりに、新たな素材との出会いがあるから、常に企画を何本か用意して準備している。準備しているということが、生きていることなんです。」（日経ビジネス、2001年3月12日号より要約）とも述べている。

私たちも、「自分の年齢自体が能力である」という新藤氏の一言を噛みしめながら、改めてその中身を見直し、胸を張って前進していきたいものである。

3. 誰でも一律・一様にというわけにはいかない
――加齢と共に格差は拡大していく――

平均寿命が延び、長寿化が進むにつれて高齢期間が長くなり、第二の人生は、これまでの延長でといった一本調子ではやっていけなくなった。

誰でも加齢と共に、少しずつ老化への変化に付き合っていかざるを得なくなり、いろいろな面で個人差が目立ってくるので、生涯現役への対応の仕方も、一律・一様に括って考えていくことは難しくなっていく。

個人差が生ずる一因は、心身の機能の働き方の違いや、各人の使い方の差にもよる。能力や機能の衰え方は一様ではない。早く衰えていく機能もあれば、ゆっくり衰えていく機能もある。また使えば使うほど磨きがかかり、後期高齢期になっても十分役に立つ機能もあれば、その反対に使わなければ早く衰える機能もある。こうした老化の特徴・原則的なことを知って適切な対応措置を講じていけば、老化による不自由さをカバーし、老化のスピードにブレーキを掛けることも可能である。先天的なものもあるが、各個人の日常的な過ごし方の違いによる影響も大きい。したがって個人差は、加齢と共に広がっていくことになる。

4．第二の人生は多毛作の時代である

――二毛作ではすまない――

高齢期が長期化し、加齢と共に個人差が広がっていく一方で、受け皿となる社会のニーズも年々急速に変化しつつあるので、両者がうまくマッチしていける条件や状態も少しずつ変化していくことになる。したがって自然と各人の生き方も、年代別・個人別に、多段階に分かれていかざるを得ない。その結果が多毛作という姿になる。

使わない機能は衰えていく。座して認知症を招くことはない。同じことなら生きがいのある高齢期を目指して、次々と現在の自分を活かしていけるようなステージに、前向きに挑戦していく姿勢を維持していきたいものである。これを推進していくのは精神的な若さである。

「年を重ねただけで人は老いない。
理想を失うとき、人は初めて老いる。
歳月は皮膚のしわを増すが、

情熱を失えば心はしぼむ。」（サムエル・ウルマン）

まだ歳が若い頃は、遠い先のことにまで考えが及ばないのが普通であるが、それぞれの年代には、その年代に相応しい生き方というものがあるはずである。それが歳を重ねるにつれて、自ずから行動や思考・態度に表れてくる。したがって、ここでは一生涯現役人生をより良く過ごしていくために必要と思われる諸要件を大きく二つに分けて、まず年代別に区分して見た場合の、それぞれの年代ごとの特徴と留意点について、次にこれに重なる形となる要件別に見た場合の特徴と留意点を検討してみることにする。

5. 年代別に見た場合の特徴と留意点

(1) 第一の人生における考え方・在り方を見直す

ここでいう第一の人生とは、社会に出てから還暦（60歳）までの、または企業の定める定年年齢までの期間を指す。

前述したように、人生は生まれてから死ぬまで、原因と結果の因果関係を織り重ねながら切れ目なく続いており、かつその長さは先へ先へと延びているので、高齢期はそれ以前の期間をどう過ごしてきたかの結果を示す姿となる。こうした視点から見ると、第一の人生での在り方を無視することは出来ない。

①この年代に共通する特徴と留意点

この年代で最も重要なことは何か。

これは定年後と定年までとの最大の相違点でもある。定年後は、経済的にも精神的にもその他あらゆる面で、それまでの企業への依存、甘えの関係から脱却して、自らの意思決定・責任でその後の進路を選択し、自立していかなければならない。しかもこの時期は長期に及ぶことになるので、定年時までに、定年後も自立してやっていけるだけの力、基盤を構築していく必要がある。これは目に見えない無形の財産である。この財産の有無・多少が、高齢期に大きな影響を及ぼすことになる。

この年代の特徴は何か。

この時期は、人生の中で最も輝いている期間であり、一日の中でいえば最も活動的なゴールデンタイムで占められている。この中で企業は、自社に役立つと思われる人材を選別・採用し教育して、企業への貢献を期待しながら戦力化していく。

これを個人の立場から見たらどうなるか。企業に役立つということは、それだけの力があ る、仕事ができるということであり、この力の蓄積が自分の将来につながっていく。

毎日毎日の仕事への取り組み方、職場での在り方が、自らの成長を促す投資となり、その結果の如何が企業への貢献度という形で実証されていく。換言すれば、「企業のために働く」ということは「自分のために仕事をする」ということでもあると、改めて考え直してみる必要がある。もし、職場や企業に問題があったとしたら、これへの挑戦を通じて、自らの能力を磨いていくチャンスと考え、積極的に問題点にぶつかっていくことによって得難い経験を積むことになる。こうしたことから私たちの若い頃は、職場は仕事を通じて自分を磨く道場だと、繰返し先輩から言われたものである。最近はどうであろうか。

次に、この期間に陥りやすい傾向・問題点を二つ挙げてみよう。

その第一は、長い間かかって、企業への依存心が染み込み、甘えの体質が根を張っていく傾向がある。この根は次第に深くなり、なかなか抜けなくなる。これは特に大企業の出身者に多いと指摘されている。

第二は慣れから来るマンネリ病に陥りやすいことである。学校に入学するとき、会社に就職するときには、そのための準備の勉強が必要であった。就職したら後は定年まで「ぶら下り」「マンネリ」でよいのかどうか。定年は企業の卒業式、新しい社会への入学式、人生の一つの節目と考え、定年までの長い期間を掛けて学んだことを、次のステージで活かせるようにして、定年前と定年後が断絶しないよう、うまく連結させていくことが望まれる。定年時に問題があるということは、それ以前にその兆候があったということであり、再就職の場で、改めて評価を受けることになる。

②特に管理職に求められる立場・役割・責任の再確認

管理職には二つの立場がある。いうまでもなく、個人としての立場と、組織上の役割・責任を分担し、企業に期待されている任務を遂行していく立場である。

個人の立場に立って見れば、管理職にも定年があり老後がある。したがって、自分自身の将来に思いを巡らすのは当然のことである。

それでは、組織上の責任がある立場に立って考えてみたらどうであろうか。

部下の一人一人にも定年があり、彼らも加齢と共に自分の定年後の生活に潜在的な不安感を抱えながら、日々の仕事に取り組んでいるはずである。この様な状態では、企業が期待する戦力として、十分な力を発揮してもらえないのではないか。したがって、目の前の仕事に自らの意思で全力投球していくことが、自分の定年後の自立していく実力づくりに直結していくのだということを教え、こうした考え方を部下と共有しながら、日々の業務を遂行していくことが望まれる。

毎日の仕事や職場は、毎日できる、直ぐできる自分への投資、自己啓発の場である。会社のために仕事をするということは、裏を返せば、給料をもらいながら、いろいろな仕事を通じて自分に実力を付けていくチャンスであり、職場は自分に磨きをかけていく道場であるという考え方の下で、自ら率先してモデルとなって部下の育成に力を尽くし、定年時には一人でも多く、社会に役立つ卒業生を送り出していくように心掛けていきたいものである。管理職はそれができる立場にある。

私は高齢者雇用アドバイザーとして、定年までの長い期間を掛けて駄目人間を養成し、定年で厄介払いをして、それを当たり前と考えている多くの企業（管理職）を見聞してきた。これは本来ならば大変恥ずべきことである。自社で役に立たない定年退職者を、他社が喜んで再雇用してくれるだろうか。こうしたことに気付かない管理職が多いことから、私はあえてこれを管理職の盲点と見なしてきた。

管理職にも定年がある。定年後の再就職先で、管理職経験者に求められているものは何か。期待されているものの中には、人を育てる能力、人を上手に使い・動かす能力、人に信頼され、当てにされる人間力、これ等を基盤とした問題の改善・解決のための、実務的な相談・指導など、高度な実務知識・実務経験に裏付けられた実績の有無が問われることになるので、前述したような在職中の現場での実務経験の蓄積は、自分自身にとって大きな財産となるはずである。

（2）第二の人生も、前期と後期に分けて見直す

ここで言う第二の人生とは、還暦以後、または企業の定める定年年齢以後の期間を指す。誰でも同じように歳を取る。しかし誰もが同じように老人になるわけではない。若年寄もいれば万年青年もいる。加齢と共に個人差が開いていくので、「高齢者」の定義づけはなかなか難しい。

国際連合では国際間の比較のため、1950年代に高齢者の基準を65歳以上と定め、総人口の7％を超えた国を高齢化人口国としているが、わが国では1970（昭和45）年にこの基準を超え、その26年後の1995（平成7）年には14％を超えた。さらに2012年9月の総務省の発表によれば、これが24％に達したということであり、最近では75歳以上の高齢人口の急増対策が、わが国の大きな課題となりつつある。

こうしたことから政府では、当面「70歳まで働ける企業の実現」を目指しており、「75歳までの現役社会を」と呼び掛けている。

第二の人生には、成熟期から衰退期までの期間が含まれている。その実態は、家の中に引きこもっていたのでは分からない。外に出て、いろいろな人に接したり、いろいろな集

まりに顔を出したりしてみるとよく分かる。人々の姿勢・動作・歩き方・話し方や話の内容などから、介護・寝たきりの家族の様子などに至るまで、戸籍年齢だけでは測れない個人差の広がりと、その多様さを肌で実感させられる。

私が現在、実際に参加している地域の集まりの中には、80歳・90歳台で歳を感じさせない仲間が何人も居たりするので、「毎朝藤沢から快速湘南ライナーに乗って、東京神田の会社まで通勤している１００歳のサラリーマンがいる」というニュース（２０１３年１月３日・読売新聞）を読んでも、「そうか」で済んでしまうようになってきた。

この様な実際から、自己管理の目安として、高齢期も前期と後期に分けて、対応の在り方を見直していく必要があると思う。

ところで、前期と後期をどこで区分するかとなると、これも個人差があるので難しい。医療の面では、75歳以上を後期高齢者と位置づけているが、私はその区切りを、個人差を考慮して、ここでは自分の健康状態や置かれた環境条件等を考え、自分で決めてみてはどうかと思う。私の考えを例示すれば下のようになる。

- 第一の人生―還暦まで　～60歳
- 第二の人生―還暦以後
  - 前期　60～75歳
  - 後期
    - 前半　75～90歳
    - 後半　90～95～100歳
  - 超高齢期　100～天寿（臨終定年）

95歳以上は私の目標である。私にとっては未知の世界のことなので、実際には臨終定年を目指し、それまでは現役でいきたいという考えを明示してみた。過去の一般的な節目の区分は別として、目先は自分の努力目標を決めていけばよいのではないか。

(3) 高齢期前期に見られる一般的な特徴と留意点

多くのサラリーマンが、定年後にぶつかる試練について、私の体験を重ねながら8項目ほど挙げてみた。

① 企業への依存体質からの脱却

精神的にも経済的にも、その他あらゆる面での自立・独立が求められる。定年後まず最初にぶつかる社会的試練である。

② 新しい人間関係の再構築

同質的な職場での人間関係から、地域の異質な人たちとの交流が必要となる。

③ 新しい日常的な生活習慣・生活リズムへの切替え

会社と自宅の間をゴムバンドで結んでいるような行動パターンの多角化に対応していく。

④　身辺整理の必要

仕事が変われば必要なものも変わる。新しい生き方への切り替えの選択が始まる。

⑤　高齢期後半期への心構えの切り替え準備

若い時代には、何でも吸収して幅を広げていくことが大切だが、一定の年齢を超えたら、「余分なものを捨てていき、最期に何を残すかを考えよ。」という心構えが大切だと、私は先輩に教えられた。「捨てていく」ということは、「絞っていく」ということであり、絶ち難い未練を切ることでもある。

⑥　家の中に引きこもっていないで、外に出て、社会との関わりを重視していく。

若い頃から蓄積してきた知識や経験に裏打ちされた智恵に磨きをかけながら、これを世の中のために役立てていく。

⑦　新しいことに取組む場合、まず理屈抜きにやってみて、それから考えることも必要。

この点、男性は女性に学びたいものである。

⑧　自己への投資、相互啓発の継続

世の中は常に進歩し、動いているので、常に新鮮な刺激を補給していく必要がある。

これまで繰返し述べてきたように、高齢者問題には難しい側面があるので、できるだけ先輩・知人や多くの媒体に接して、他人の経験に学びながら、自分に合った指針を組み立てていくようにしたいものである。

（4）高齢期の後期における望ましい姿

①長寿化の進行と高齢期後期の展望

男子の平均寿命は79・9歳、女子は86・4歳を超えた（2012年）。また75歳以上の総人口に占める割合は、2010年には11％であったが、2025年には18％、2060年には27％に達するという（生涯現役社会の実現に向けて、厚生労働省、平成26年1月より）。

前項で私は、高齢期の長期化に対応して、この期間を前期と後期に分けて見直すこと、そしてこの前期と後期の区分について例示してみたが、それでは、後期はどうなのか。

参考までに、百歳以上の人口の増加の推移を見ると、厚生労働省の発表によれば、この調査が開始された1963（昭和38）年には153人に過ぎなかったのが、その後は次のような増加傾向をたどり、2013（平成25）年9月には54397人（男子12・5％、女子87・5％、前年より30211人増）に達したという。

1981年に1千人を突破（18年後）　1998年に1万人を突破（17年後）
2003年に2万人を突破（5年後）　2007年に3万人を突破（4年後）

２００９年に４万人を突破（2年後）　２０１２年に５万人を突破（3年後）

②高齢期後期の望ましい姿

１００歳を超えてなお１１０歳の目標を掲げて活躍中の日野原重明氏（聖路加国際病院）は、「人生は50歳とか60歳で、前半、後半と分けるものではありません。ハーフタイムは、だんだん後にきます。そして後になる人生のほうが濃縮するのです。――百歳を迎えたいま、百歳をめざすみなさんに、私からのひと言」と述べている。

また昇地《しょうち》三郎氏（１０６歳　障害児教育学者）は、「定年は時間の問題、何をやるかは心の問題だ」と言っている。

最近はこのような百歳前後の方々の、自らの体験や意見を見聞する機会が増えてきているので、大いに元気づけられ有難いことである。お陰さまで私も昨年卒寿を過ぎ、今年91歳になった。こうしたことから、自分の体力や体調の変化を意識しながら、先人が何故卒寿という節目を設けたのかと、改めて考えてみた。そして新しい疑問が生まれてきた。

自分の体験しないことは分からない。これから先の世界は自分にとって未知の世界である。これまでは頭の中で、後期高齢期を一括りにして考えて来たが、それでよいのかという疑問である。

人生百年は現実味を帯びてきたが、90歳台前半ではまだ少し距離がありすぎる。「生涯現役」をただのお題目とせず、実際に生きがいのある日々を目指していくためには、百歳までの間にいま一つ区切り（目標・節目）を設けて挑戦していくのがベターではないだろうか——ということである。この節目は何歳位と考えた方がよいのか。昔からの静的な卒寿（90歳）ではなく、元気な先輩モデルが増えつつある現状を踏まえて、一応95歳前後を目安として対処していく。それ以後は超高齢期として、臨終定年までと考え、天寿をまっとうできるように努力していくことだと考え直してみた。

１００歳を超えて亡くなった経営士会の会員だった阿部実氏は、賀詞交換会で壇上から、「美しく老いよ」と挨拶されたので、その後の歓談の席で、個人的に元気の秘訣を伺ったことがあったが、生きがいの具体的な内容や目標は、この年代になれば、各人が自分の体力・能力・意欲・置かれた環境条件などを勘案して、独自に決めることになると思う。

私は、「70歳になったら、60歳代の頃を振り返り、もし自分の寿命が60歳代で終わっていたらどうなっていただろうか。」「80歳になったら、もし自分が70歳代で終わっていたら、何が出来なかったか。長寿のお陰でその後何が出来たか……。」と考えて、元気な余命のお陰で実現した新しい経験・出会い・発想・成果（実績）を生み出せたことの喜びを噛み締め、感謝し、さらにこの先何ができるか、どんな出会いが待っているかと、次の力の源泉に置き換えていきたいものだと考えてきた。新年はその見直しの第一歩となる。
こうした意味からも、「人生二元論」の項で紹介した十年ごとの「健寿式」というのは、面白い発想ではないだろうか。

6. 要件別に見た場合の特徴と留意点

(1) 最も重要視すべき必要要件

定年までに蓄えるべき「財産」には、目に見える(形のある)ものと、目に見えないものがある。それらの中で最も重要なものは何か。私はそれらの頭文字をとって、次の「四つのK」が最も重要だと考えている。

第一のK　心(心の持ち方・考え方、心の張り、生きがい、自己実現　など)
第二のK　健康(心と体の健康・体力の維持、老化の防止　など)
第三のK　金、経済力(生活の基盤を支える経済力の維持・確保・保全　など)
第四のK　家庭・家族(日常生活における安定の基盤、人間関係　など)

「家庭・家族」を挙げたのは、加齢と共に家族や家庭との関係・重みが増えていくと考えているからである。交友や新しい人脈作りなど、人間関係を重視していくべきだとのご

四つのKとその相互関係

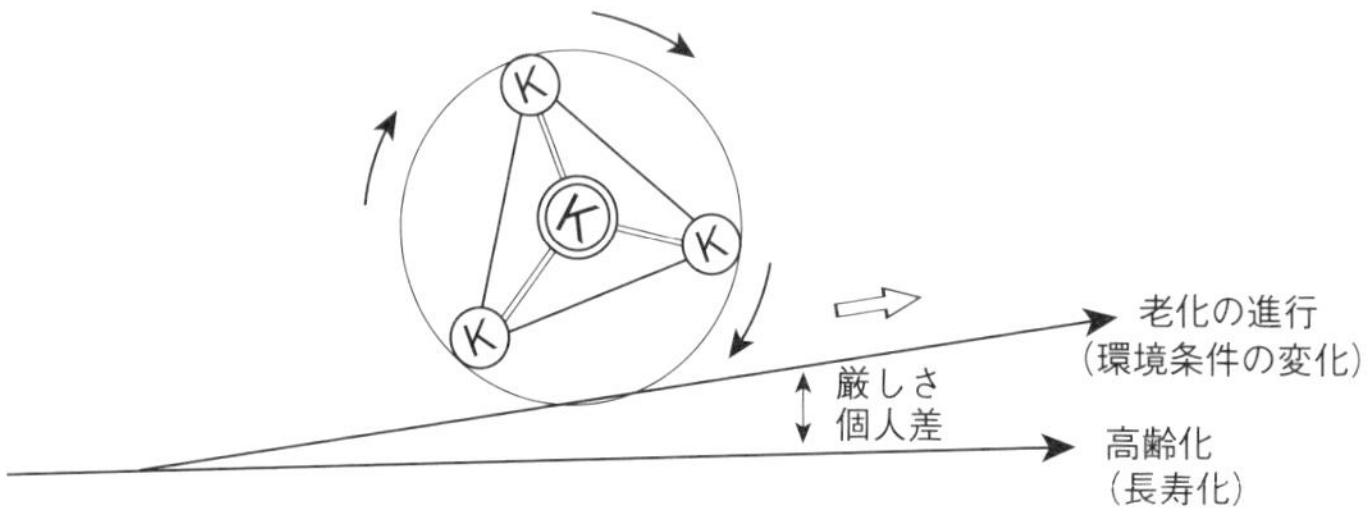

意見も多く、私も同感ではあるが、しかしこれは、特に高齢期の前期には重要かつ必要な要件だとは思うが、高齢期全体を通してとなると、高齢期の後期は、仲間が次第に減っていく年代になるので、ここでは敢えて取り上げなかった。

(2) 四つのKの相互関係

以上の四つのKの相互関係を図示すると、上記のような関係になると私は考えているが、如何であろうか。

変化していく環境や諸条件に対応しながら、高齢化・長寿化の坂道を登って行く車輪に例えたものである。実生活の上では、四つのKは相互に関連し合い、常にバランスを保ちながら回転させていく必要があるので、どの一つのKも欠かせない。その時その場の状況に応じて、重視すべき要件の優先順位の置き所は変えていく必要がある。

ただし、四つのKの中でも、特に第一のK(心)は車軸となって車輪を回していく重要な役割を持つものとして、心のKを「◎」で示し、その他のKは「○」で示した。
◎のKは、他の三つの○Kに、大きな影響を及ぼすもので、常にその精神的態度のあり方が問われることになるからである。

7．四つのKの概要と年代による対応の在り方

（1）心の張り——生きがいの追究

これは年代・年齢には関係ない。人生の歯車を回転させていく時の軸となるもので、何時、どの方向に向かって、どの様な回し方をしていくかを決めていくものである。

①生きがいの原動力は——夢を持つこと・夢があること

全国の市町村を駆け巡って、村興し・街づくりの指導をしてきた私の仲間山本功氏は、「我々が駆け出しの若い頃は、懐は貧しかったが大きな夢があった。今の若い連中は、懐は豊かだが夢が無い」と嘆いていた。私もそう思う。

「青春とは心の若さである」戸籍年齢ではない。「始めることを忘れない人、走り続ける

人は老いない」と言われている。何時も夢を持ち、何かをやりたい、実現したいという強い気持ちが、心の中の奥底から湧き出てきて、何時も自分が燃えている様な状態にあることが望ましい。全てはここに発すると言っても過言ではないであろう。

②心の持ち方、考え方が行動に現れる

心の働き方の傾向はその人の心の癖であり、潜在意識の現われである。これは長い時間を掛けて培われ、習慣化されていく。そしてこれは、心身の健康状態にも影響を及ぼしていくので、健康の維持・管理とも密接に関連し合っている。人間関係にも影響を与える。さらに自分の人生のあり方を左右する力にもなる。したがって、生涯現役を目指して生きていくには、何時も前向きの若々しい気持ちの持ち主でなければならない。

考え方、心の働き方の傾向は、大きく分けると、積極的と消極的、肯定的と否定的、楽天的と悲観的というように、明と暗の対照的な二つに分けられよう。何時も生き生きと心に張りが持てる状態というのは、心がどちらに傾いている場合であろうか。

心の張りは積極的な心に根付くものである。心の癖は長い時間を掛けて習慣化されていくが、自分がその気になれば、年齢にかかわらず、何時でも変えていくことができる。したがって高齢期になっても、自分の心の癖を改めようと思えば、新しい癖をつけることに

よって、これまでとは違った新しい人生を踏み出して行くことも可能となる。

心の癖を入れ替えるには、心の倉庫である潜在意識（在庫）の中に、プラス思考が出てくるような材料・情報を常にインプットしていくように心掛けていくことである。これらの素材は日常的な生活の中から選別していけばよい。

日常、人と接する場合には、できるだけ明るい考え方を持った人たちと接していくようにし、肯定的な言葉で話し、楽しい環境に身を置くといった心掛けの積み重ねが大切である。

在職中の在庫づくりは、会社の組織の枠の中での自己実現の仕方が主となる。挑戦のチャンスを与えられたら、その中で自らに挑戦しながら、やりがい、生きがいを見出し、自らに磨きをかけていくことである。

定年後は個人として、自らの意思で、それまでに蓄積してきた目に見えない財産を駆使しながら、自分の本領を発揮し、自分を活かしていく道を切り開いていくことになる。これが本当の意味での自己実現への挑戦であるといえよう。

頭の中にはっきりとした絵が描ければ、考えていることを形に表していくことができる。それには夢を持つことで、その源泉となるのが潜在意識の働きである。

③生きがいを生み出す人に見られる共通点

生涯現役でいくには、生涯を貫く一本の串のようなものがその芯にならなければならない。80代、90代でも元気で活き活きと過ごしている人たちを見ると、その芯を形作っている幾つかの共通点、傾向が見受けられる。次にこれ等に該当すると思われるものを列挙してみよう。自分の身近にいる人に当てはめてみると、合点がいくのではないだろうか。

明るい・楽天的、その人の傍にいると楽しい。積極的・挑戦的・前向き・プラス思考、傍にいると元気が出る。向上心・好奇心、傍にいると刺戟を受ける。気が若い・考え方が柔軟・打てば響く感度の良さ、傍にいると華やぐ。実行力・行動力・まめ・じっとしていない・面倒くさがらない・直ぐ動く・よく気が付く・気配り・温かさ・思いやりがある。

適度の頑固さ・こだわり・芯の強さ。夢がある・やりたいことがある。年齢を気にしない。継続的な趣味を持っている。過去にこだわらない。根気がよい・意思が強い。信念・信条がある。適度の運動・摂生の継続。

これ等が具体的な言行・態度になり、本人の生きがいにつながっていくのは、本人が意識すると否とにかかわらず、その結果が、自己中心的な自己満足の領域に止まらず、人のためになっている。人の役に立ち、人に当てにされ、人に喜ばれ、人に認められ、人に感謝されるといった、無形の報酬によって報われていることが実感されることによって、大きな弾みとなっているからであろう。

前述した性向は先天的なものもあるが、多くは自らの日頃の心掛け・努力の継続によってもたらされ、習慣化され、強化されていく。

（2）健康――心・身の健康の維持の在り方

「健康が大切だ」ということは誰でも知っている。しかし、生来病弱な人は別として、多くの人々にとっての健康は、頭の中だけの知識に止まっているのではないか。

①長期にわたる継続的な管理が必要

体力のある若い年代は、どちらかと言えば健康への関心度が低い。少し位体調が悪くても無理は当たり前と考えている。そして不摂生な日常生活を続けたり、無理を重ねながら少しずつ病因を作っていく。急性の病で無い限り、直ぐにはっきりとした症状は現れてこない。しかし本人の自覚の有無にかかわらず、年齢を重ねるにつれて、次第に健康への重要度は増していく。そして自分が健康管理の必要性を意識し始めた時には、特別の措置を講じなければならなくなっている場合が多い。

健康の問題は、そのために何かを始めても、直ぐには効果が現れにくい。そして時期を過ぎると健康状態の維持はなかなか困難になる。

老化の進行度合も目に見えにくいが、確実に進んでいく。自分の体力に応じて、日常的に平均的なペースで健康維持の努力ー老化にブレーキを掛けていくような生活習慣・日常の地道な注意を継続していく努力が欠かせない。

②年代により対応の視点を変えていく

若い年代では体を鍛えること、体力づくりにウエイトが置かれるが、年代が進むにつれて体力の維持、傷病の予防管理、老化の防止に関心の重点を移していくことが必要になる。

長く続けていくには工夫もいる。余程意思が強くないと、独りで続けていくのはなかなか難しい。そこで独りでやるよりは、仲間を作ったりグループに参加したりして、声を掛け合いながら、一緒に楽しくやる方がやりやすい。定年後は、できるだけこうしたグループに参加してみるのが、新しい仲間も増えるし、一つの有効な方法である。こうした努力を地道に継続していくかどうかは、必ず高齢期の健康度合という形で実証される。その上高齢期間が長くなるにつれて、その差がはっきりしていく。最近では私たちが、こうした現象を身近に目にする機会が珍しくなくなってきた。

③健康の土台となるのは心の健康

健康といえば体の健康と考えられやすいが、健康は体の健康だけではない。より重要なのは心の健康の方である。体の健康に比べると、心の健康は目立たないので、日常生活の中では軽視されたり、忘れられたりしている場合が多い。しかし「心の張り」で述べたように、心の持ち方・考え方次第で身体的機能の働きが変わり、高齢期間を充実した内容に仕立てたり、老化を早めたりすることになる。心と体の関係は、建物とその土台のようなものである。土台がしっかりしていないと、立派で丈夫な建物は建てられない。土台に当たるのは心の健康である。「健康な精神は健康な身体の母である」といえよう。

④頭を使う重要性の再確認を

使わないものは衰える。錆びていく。体も頭（心）も同様で、使わなかったり、使い方が悪ければ、その働きは衰えていく。そして加齢と共に老化へのスピードが増していく。これを防止し、定年後も生きがいのある日々を送れるような状態を維持していくためには、定年までの長い在職期間中の在り方も無視できない。

自分はどんな働き方をしているか、して来たか。体だけでなく、頭も一緒に使いながら仕事をして来たか。この様な仕組づくりは企業の役割であり、管理職の責任でもあるが、これに期待できないような職場であっても、個人として、自分の意思で、頭と体の両方を使って仕事をすることはできるわけで、より積極的に活気のある職場づくりに関わっていくことは、企業のためばかりではない。それ以上に自らの心身の老化防止に役立つ。

かつて私が関与していたM社では、皆よく働いていたが、ただ体を使って仕事をするだけではなく、頭も使って仕事せよと、「考動する丸三ニット」をスローガンに、行動から考動への変革を呼び掛けていた。

このような自発意思に基づく改善や工夫の経験・努力は、自らの定年後（高齢期・老後）の生きがいづくりにつながっていくはずである。これも健康づくりの一環となる。

（3）経済的な基盤――生活基盤の維持と自己への投資の継続

①長寿化に伴って増していく経済的負担

次に長寿に伴って増えていく経済的な負担を挙げてみよう。

まず健康な時には考えられない医療費の負担の増大、介護費用の負担の増大がある。自分のことだけではない。家族の病気、寝たきり（要介護状態）になった時の費用負担も考えておく必要がある。

老化に伴う転倒その他の事故による怪我も、加齢と共に増えていく傾向がある。この中には、自分が注意していても、相手（加害者）から受ける被害もある。瞬発力が衰えてくるので、ぶつかって来る相手をとっさに避けられなくなる。こうした事例を私も身近に見聞しているので、他人事とは思えない。

長期間住んでいれば家も傷んでくる。住宅のメンテナンス費用も掛かるし、快適な老後生活のためには、バリアフリーのリフォームなどの必要も生じてくる。

②重視していきたい生活防衛対策

最近は悪質業者の巧妙な手口による詐欺行為が増えている。若い頃なら取り戻せたかもしれない金融・不動産・投資等の投資運用に関する失敗のリスク対策も無視できない。

また自分が死んだ後に、残された家族が困らないようにしておく配慮も必要だと痛感されるようになってくる。

長い間働いてきたのだから、息抜きにゆっくりするのもよいと思うが、現在はゆとりがある人でも、長い先のことを考えると、目先の良い所取りだけでは済まない。未知の世界では、何時何が起こるか判らないので、日頃の心構えが必要だと、私も先輩（経験者）から教えられた。

当たり前のことだと思うが、日常の心構えとしては、加齢と共に、必要度の低い消費支出の抑制その他、生活防衛的な措置を講じていくことの重要さが増していくことにも留意していくべきであろう。岸信介元首相は高齢者へのアドバイスとして、「風邪を引くな。転ぶな。義理を欠け」の三カ条を挙げていたそうだが、この辺りのことは、高齢期の経験の無い者には分かりにくい。

特にこの中でも、現役時代には年齢と共に交際範囲が広がっていくので、習慣を切り替えて、義理を欠くのは大変難しいことだと思われる。高齢期に入り、生活環境や経済状態が変わったからといって、軌道修正していくのはなかなか難しい面もあると思う。しかし、自分の体力も衰えていくので無理をせず、周囲に迷惑を掛けないように心掛けていくことを第一にせよといわれている。

③高齢期にも必要な自己への投資

生涯現役という面から考えると、年齢にかかわらず、生涯を通じての自己啓発、このための自己への投資が欠かせない。こうした面への積極的な自己投資に伴う支出は、必要経費と考えるべきである。

私共の仲間の一人は、「年金プラス10万円（収入）」をと提唱していた。定年後は無償のボランティアだけではなく、再投資に必要な資金の一部を、有償の形で受けられるようなボランティアも必要だと説いていた。高齢者も、生涯現役を目指しての自己投資と、そのための資金が必要であることを、念頭に置いておくことが望ましい。

（4）家族・家庭の協力態勢づくりの重視

家庭を構築している家族の芯は夫婦であるが、その夫婦も結婚当初は赤の他人であった。育ちも性格も違うカップルが一緒になって、お互いの距離を縮めていくために、時間を掛けて相互理解の努力を重ね、我慢する、合わせる、助け合うことを学び合いながら、協力への土壌づくりをしてきた結果が、何でも話し合い、許し合える今日の姿になっているはずである。赤の他人がこのように変わってきたのは、歳を重ねる中でお互いが人間的に成長してきたからに他ならない。

しかし長い間には、時代の変化や生活環境の変化の影響を受けて、夫婦間にも歪みが生じてくる。そこでこの歪みの原因、問題の芽を早目に見つけて解決の手を打っていく気配り、努力が欠かせない。留意すべきは問題の放置であり、放任であり、無関心である。

協力態勢づくりには、そのための土壌づくりが必要であるが、より重要なことは、常にその土壌の手入れ（深耕）を怠らぬことである。さもないと、よい作物は育たない。

「蒔かぬ種は生えぬ」と言う。夫婦でそこにどんな種を（日常の接し方）を蒔いて来たのか。どんな肥やし（育て方－油断・慣れ・手抜き・無関心・無視）をやってきたのか。

その結果芽が出て育ったのが、心の距離が開いた人間関係の姿、断絶した別世界、夫婦間の意識の格差というのでは困る。お互いの間に信頼感・親近感・安心感の果実が蓄積されていって欲しいものである。

この感じというのは、目にも見えないし、重さも量れないが、一人一人の心の中に確実に蓄積されていく大切な財産である。特別なことをしなくても、毎日毎日の小さな事実の積み重ねによって自然に大きく育っていく。そして普段何も無い時には分からないが、いざという時にその大きさがものをいう。

第四章　家族・家庭の協力態勢の見直しと維持

1. わが家の現状はどうか

家族や家庭は、空気のような存在として、普段はあまり深く考えられていないのではないだろうか。こうしたことを身近な問題として意識させられる切っ掛けとなるのが、定年ショックではないかと思う。

「昔を知るひと一人減り二人減り長寿の道は孤独への旅」

体力・気力の充実している年代では、こうした実感に乏しい。しかし定年後、だんだん歳を重ね、周囲の親しい人たちが一人二人と欠けていくにつれて、新しい視点から人間関係の大切さを見直すようになっていく。

そのときの最も身近な存在が家族であり、そしてやがて、孤独を癒してくれる最高の存在が家庭だと分かるようになる。しかし家族は、私たちにとって余りにも近過ぎる存在なので、普段はこうしたことに気付いていない。

2. 定年は家族関係の変化に気付く第一歩である

在職中は仕事一途に、会社人間と言われながら働き続け、家庭を顧みる時間的なゆとりがなかった。日頃家族との触れ合いが乏しくても、自分は家族のために生活を支えているのだと自負している内に、何時の間にか自分は自分、家族は家族という別世界が出来上がってしまう。そして、定年になって時間が出来た時には、自分の家には既に自分の居場所が無くなっている。

自分はこれから、何をしたらよいのか分からないと迷ったり、どうやって新しい生活に切り替えていくかと、いろいろ思い悩んでいる時に、妻には既に妻の生きがいの世界が出来ていて、次第に妻の足手まといになっていく。こうした中から生まれてきたのが「粗大ゴミ……。濡れ落ち葉…。」といった迷句であろう。

この様な状態は、一朝一夕に出来上がったものではない。毎日家の中に溜まっていく目に見えない「ほこり」のように、日常的な小さな「しこり」が、少しずつ少しずつ溜まっていって、長い間かかって、何時の間にかしっかりした塊の様なものになっていくのではないだろうか。現在の自分の家庭の人間関係はどうなっているか、まず謙虚に見直してみることが望ましい。

3. 生涯現役時代の家族・家庭の望ましい在り方

高齢化は家庭内でも進行している。長寿化といっても、前述したように、長生きの先に待っているのは孤独の世界である。

こうした時に、長い間裸の付き合いをしてきて、安心して隙を見せられ、最も頼りになるのが自分の家族であり、家庭ではないだろうか。特に、理屈抜きに理解しあえる相手として、夫婦に優るものはないと思う。

しかし安心できる憩いの場であるべき家庭に、隙間風が吹いていることが社会問題化している。その代表的なものが熟年離婚であり、定年後別居であり、またその潜在的な土壌である。わが家の土壌にはこのような懸念の種が埋没していないことを願いたいものである。

会社にはその会社独特の社風・風土があるように、各家庭にも独自の家風・風土がある。これ等は長い期間にわたって、その構成員の意識の中に醸成されていくものであるから、問題があるからといって、急に改めることは難しい。

生涯現役的な生き方が必要とされているのは男性ばかりではない。女性の場合も同じである。高齢期間を通じて生涯現役時代にふさわしい生き方をしていくためには、家庭、特に夫婦間の相互理解・協力・応援態勢の基盤が不可欠である。

高齢期間が長くなればなるほど、一人では生きて行けない環境条件が増えていくので、お互いに強い信頼関係で結ばれ、夫婦であると共に友人でもあるという様な関係づくり、態勢づくりを、早いうちから構築していく努力が望まれる。これもまた高齢者社会の重要な課題の一つである。

4. 生活環境の変化と家庭への影響

生活環境の変化が、家庭に大きな影響を及ぼす点で重要と思われることを二つ挙げてみる。

第一は、男女の役割分担の変化が求められつつある。男は外で仕事、女は家庭という役割分担の慣行が、女性の社会進出の流れにつれて、夫婦間の在り方にも変革を迫られつつある。

第二は、急ピッチで進行しつつある高齢化が、家庭にどのような影響を及ぼしつつあるかという問題である。明日はその影響がわが身にも及んでくると考えておく必要がある。

高齢化は、介護から死へとつながっていく世代交代への姿でもある。一般的なステップとしては、まず親の介護から始まる。定年前後から自分の両親の介護の経験をするケースが増えていく。多くは妻の介護に依存することになる。
次いで妻の両親の介護を、場合によっては核家族化、世帯の小規模化から、兄弟の介護にまでかかわる必要も出てこよう。この場合の介護の担い手も、多くの場合妻が当たることになる。男性自身が主要な介護者になるケースは20％前後と言われている。そして最後は夫が介護を受けるというパターンが多い。

こうしたことから、子育てを終わったら、次は定年になった夫の身の回りの世話をやき、老親の介護に追われ、「自分にとって人生とは一体何だったのか」と嘆く女性の声を耳にするにつけて、私も最近は共感を覚えるようになってきた。周囲の状況を見ていると、男性も他人事だと言って済ませていられない時代になりつつあると実感させられる。

さらに最近は老々介護の姿が目立つようになって来た。夫婦共に高齢化が進んでいる。両親を介護する自分たちも高齢化して、介護の負担が重くなっていく。その上高齢の自分（親）が、同じように高齢化しつつある独身の息子や娘の面倒を見てやらねばならないという現象が珍しくなくなってきた。妻に先立たれて、一人暮らしを余儀なくされている男性（仲間）も増えている。以上のような問題にどう対処していくかが、共通の課題になりつつある。

介護に関しては、さらに最近「ダブルケア」という言葉を耳にするようになって来た。

子育てを終わってからの介護ではなく、晩婚化の増加の結果として生じてきた子育てをしながらの介護と言う姿である。以前は一般に、特別の事情が無い限り、結婚するのが当たり前、それもなるべく早くという意識が定着していたが、進学率の上昇や独身者の意識の変化、経済環境の変化や少子化等を背景に、結婚を選択的な行為として捉える見方が広がり、「結婚して一人前」と言う意識が薄れてしまった。その結果は晩婚化による出産年齢の上昇や未婚者の増加、婚姻件数の減少につながり、これらが介護の面にまで新しい課題を投げかけつつある。

5. 生活者としての自立の必要

生活者としての自立の有無も問題になる。

樋口恵子氏は、これからの「団塊の世代」は「男介の世代」になると言っている。男性も介護の一翼を担っていかざるを得ない立場になる。こうなると、男子厨房に入らず、仕事以外の自分の身の回りのことが、何一つ独りでは出来ないでは済まされない。その上生活者として自立していけるようになることは、妻に先立たれて、何時独りになるか分からないと考えれば、自分のためでもあるという訳である。

知人のN氏もその著書の中で、身の回りの世話をやいてくれるのは妻の仕事で、当たり前のことだと思っていたが、定年になって家に居る時間が増えてくると、少しは自分のことは自分でやるようにしてくれと妻から言われるようになり、こうした話し合いがこじれた結果は、三度の食事を自分で作らざるを得ない羽目にまでなってしまった。冷蔵庫を別にし、献立も別にということで、自立へのスタートを切ることになってしまい、初めて眼が覚めたと述べていた。

在職中は、退職準備プログラムのインストラクターとして、「退職後は生活面での自立が必要。自分の食事の支度は自分でできること。家事全般も奥さんと分担してやる位の気持ちが必要だ」と話していた。そういう話を聞く社員の方も聞きっぱなしといった感じで、反応が鈍かったが、自分自身が定年退職後、生活者として自立の必要を実感するに及んで、これではいけないと気付いた。

これまで何故、「生活者として自立していくためには実技の学習が必要だ」と説いてこなかったのだろうか。答えは簡単である。人生設計の指導者のほとんどが、家事作業の経験のない男性指導者たちだったからである。

さらにこの指導者たちは、食事の準備や家事作業の技量や智恵に、それ程高い評価を与えていなかった。夫は妻が自分の退職後も、今まで通り平穏に、黙々と家事作業を続けてくれるものと勝手に思い込んで、高齢期の生活設計を行うことを指導してきた。

N氏は自分の体験から、「生活自立のためにはその気になって、食事の準備や家事作業の実技学習に取組む必要がある。食事の準備や家事作業の進め方が出来て初めて生活面での自立は完成する。趣味や料理を楽しむでは生活自立は充実できない」と強調していた。技術屋だったN氏はその後、技術者らしく家事作業の中身を整理し、分析して、食事の準備では、料理の作業手順は並行処理の連続で、段取りとタイムキープの経済学であるとし、家事作業はいろいろなことを並行してやっていて、進捗感や充実感を感じるのが難しい仕事であるが、実は膨大な経験に基づいて積み重ねられた「生活の知恵」の宝庫であり、多くの先輩たちが長年にわたって経験してきた失敗や試みが集積されている。

こうした家事を知的・質的に低いものと捉えて、妻の家事のノウハウを低く評価してきた態度は改めるべきだというN氏の意見に、私もその通りだと教えられ、考えさせられた。私も妻の苦労を知らず、役立たずで済まなかったと最近思うようになって来た。歳を取るにつれてお互いに、何をするにもしんどくなる。これからは「してもらう」ことを徐々に減らして、「何ができるか」という領分を徐々に増やして行き、少しずつでも妻の負担を減らしていこうと考えるようになってきた。こうした「思いやり」を伴った小さな努力の積み重ねが、理解し合える家庭の土壌を深く耕していくことになるのではないだろうか。

第五章　加齢と共に重みを増していく　健康の維持・管理

1. 生涯現役を支える健康への投資

(1) 老化の進み方には個人差がある――なぜか

健康の維持・管理の大切さや、そのためには如何すべきかということは、誰でも知識としては分かっているつもりでいるが、さて実行となるとなかなか難しいのが現実である。年齢階層別に運動習慣のある人の割合を見ると、いわゆる働き盛りの世代にはこの習慣が少ないことが分かる。

次ページの**図―1**は、運動している人と運動していない人との、作業能力の衰えの差を示したものであるが、中年になってから運動を始めても十分間に合うことを示しているので、年齢にかかわらず、気が付いたら実行して、良い習慣を付けていくようにしたいものである。

これとは反対に、使わない機能は衰える。私も毎朝ラジオ体操を続けていて実感していることであるが、ラジオ体操のような運動でも、2週間も休んだりすると、身体の筋肉が

図—1　運動訓練効果と作業能力

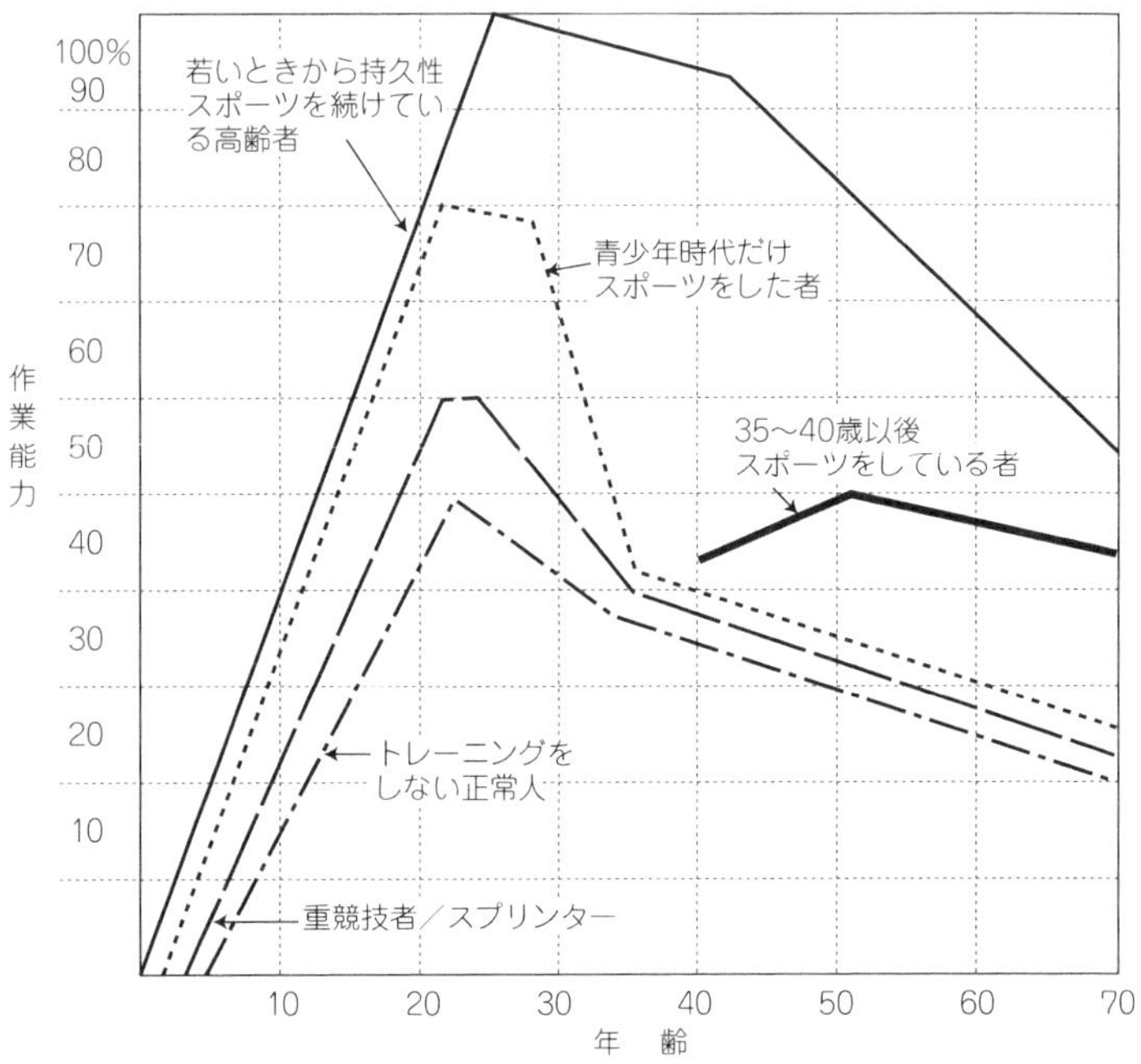

資料：「あなたを救う健康スポーツ」B.グリューネヴァルト、F.ヴェルツェンミューラー共著／福岡孝行訳／ベースボール・マガジン社より引用。

あちこち痛む。これは老化の始まりだと、仲間と話し合っている が、歳を取るにつれて、こうしたことを強く感じるようになってきた。

図—2は、日常の生活習慣の違いが、同年齢者の老化の進行にどんな影響を与えているかを示したものである。

「どこかで『成長から老化へ』移行する転換点がやってくる。しかしその後の老化のス

図ー2　生活習慣のちがいから見た老化の進行

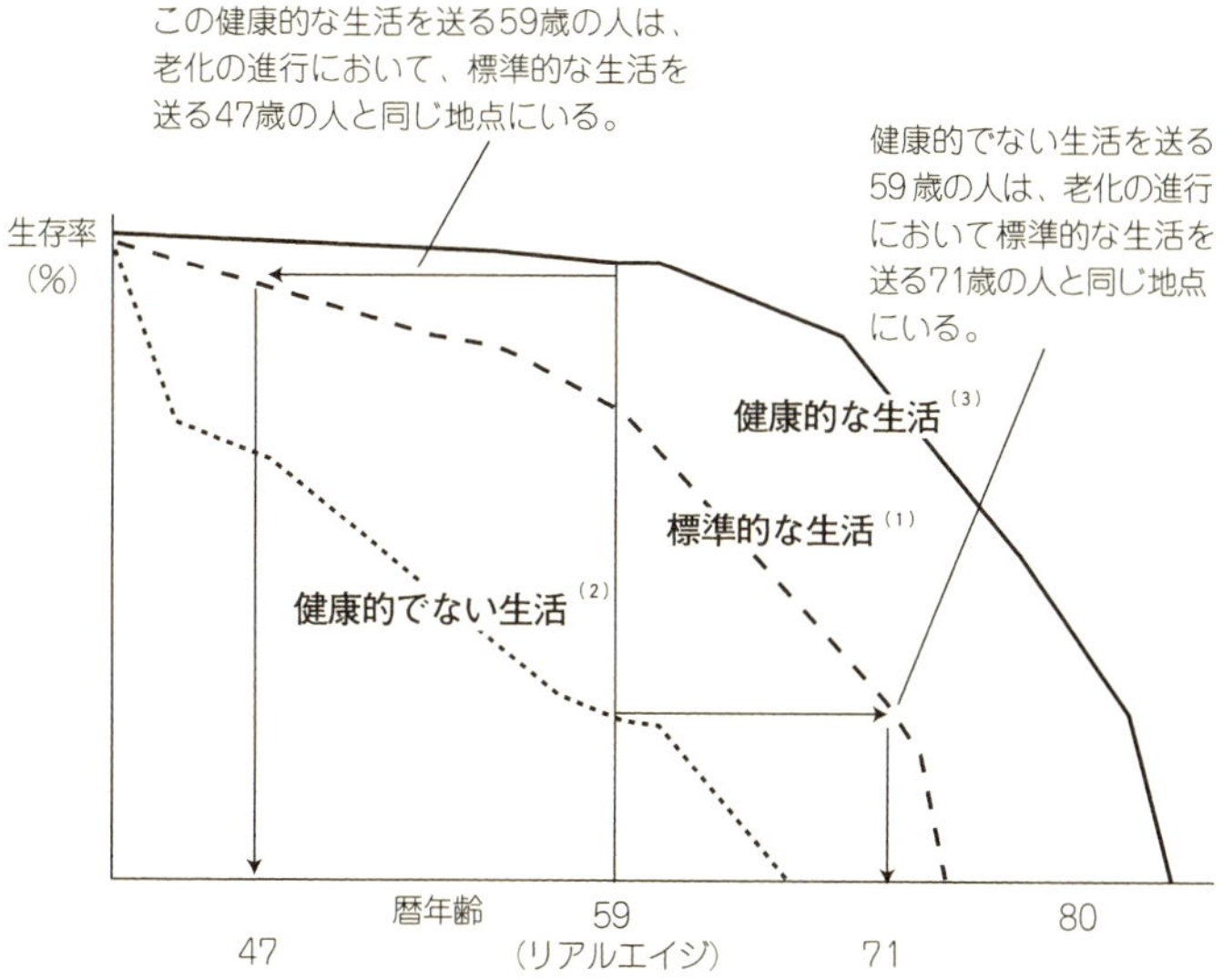

生活習慣のちがいが、同じ59歳という年齢の老化にどう影響しているか。

(1)「標準的な生活」を送っている59歳は、平均的59歳と同等の肉体をもっている。
(2)「健康的でない生活」を送っている59歳は、平均的71歳と同等の肉体をもっている。
(3)「健康的な生活」を送っている59歳は、平均的47歳と同等の肉体をもっている。

資料：『リアルエイジ』マイケル・F・ロイゼン著／那波かおり訳／翔泳社

ピードを平均値で考えることは出来ない。多くの人々に接してみると、人は実に多様な老い方をしており、『平均』というものがどれ程当てにならないかが分かってくる。むしろあらゆる年齢集団に、あらゆるレベルの人が存在するといった方がよい。生体の能力は多様な広がりを持っている。心臓血管系の病気で衰弱している75歳もいれば、ランニングのロードレースに出場し、世界を旅する75歳もいる。図―2のように、急激な老化、標準的な老化、穏やかな老化を表した3本の線と水平に交わる線を引いてみると、あらゆる暦年齢の中に、同程度に老化の進んだ人がいることが分かる。」（『リアルエイジ』より）

専門家によるこの様な研究に、自分を含めた周囲の人間を重ね合わせて考えると、誰でも歳を取っていくが、歳の取り方は一様ではない。しかも加齢と共に個人差が拡大していくということが、よりはっきりする。

健康は知識と同じように、ストックを増やしていくことはできるが、それには継続的・日常的な健康づくりへの投資が必要であり、直ぐには間に合わないという特徴がある。したがって一生涯現役を目指すならば、「若い頃からの積み重ね」の努力が欠かせないことを、銘記しておくべきである。

(2) 心身の諸機能の働きの衰え方も一様ではない——なぜか

加齢と共に心身の諸機能の働きも衰えていくが、その差は一様ではない。老化は急激に進むものではないので、普段から以下（★）のような老化の特徴・原則的なことを知って、適切な対応措置を講じていけば、老化による不自由さをカバーし、老化のスピードにブレーキを掛けることは可能である。

★能力や機能の衰え方は一様ではない。早く衰えていくものもあれば、ゆっくり衰えていくものもある。また使えば使うほど磨きがかかり、後期高齢期になっても十分に役立つものもある。こうした区別を知って対処していくことが必要である。（但しこれに個人差が加わる。）

★早く衰えていくのは、視力・聴力・平衡感覚機能といった生理的機能で、本人の意思ではどうにもならないものである。

★筋力の低下は20歳代をピークとして退行が始まり、脚（40歳代）から腰、肩、腕、手の力といった順に、下から上へと徐々に低下していき、指の働きは最後まで残る。こうしたことから、特に高年者には指を動かすこと、指を使うことの大切さが強調されている。指を使うことによって脳が刺戟され、認知症の予防にも効果がある。

「身体の衰えは脚から始まる。脚の衰えが老化の第一歩である。脚の運動には複雑な関節の働きが関与しており、関節の運動を可能にしているのは骨格筋で、この骨格筋の衰えが骨格そのものを変化させ、身体の様々な部位に大きな影響を及ぼすことになる。

例えば首が傾斜して顎が突き出てくる。肩から背中の僧帽筋が痩せてくるので背中が曲がり出す。すると背中を支えるために、本来はS字型である体全体の骨格パターンが立ち上がらざるを得なくなる。するとまたバランスをとるために今度は膝が曲がる。脚も０型になったりする。呼吸器官に関しても、肺活量が低下してくるので、少し動いただけで息苦しさを感ずる。それであまり体を動かさなくなる。――という具合に、益々体力が落ちていく。このようにして『心の老い』は脚の衰えをきっかけにして始まるが、本人は気付いていない。」（正高信男著『老いはこうしてつくられる』中央公論新社　より要約）

私たちも以上のどれかに当てはまっていないだろうか。机の前に座って仕事をしている人たちは、何時の間にか背中が丸くなっていく。人に言われても自分の姿はみえないので、元気な内は余り気にしないでいるが、肩こりがひどくなって姿勢が悪いからだと言われ、初めて道を歩きながら周りの人々の歩き方を見て、成る程と納得する。その内に自分も前屈みで歩いているのに気が付くようになる。さらに運動不足が重なると、何時の間にか爪先が上がらず摺り足になり、つまずき易くなったり、歩く歩幅が小さくなって歩き方が遅いと言われる様になっていく。お互いに明日は我が身とならないように留意していきたい。

歳を取って不自由になるのは足腰だ。これさえ丈夫なら自力で生活していけるというが、加齢と共に転倒しやすくなり、骨折したり、これを機に寝たきりになる人が多いので、油断大敵である。自分が注意していても、街中ではぶつけられたり押されたりして、避けられない場合もある。

★若い頃から意識的に訓練した機能や能力は、生理的機能や筋力の低下にブレーキをかける。また熟練の結果は勘が働くなど代替え能力が発揮されるようになるので、若い頃・在職中からの継続的な努力の重要性が指摘されている。

（3）加齢に伴う知的能力の変化の傾向

★長い間の積み重ねによって身に付けた知的能力や経験は、長く使えば使うほど磨きがかかって役に立つ。専門的な能力や判断・調整能力などがこれに当たる。

★頭も体も継続的に使っていれば、歳を取っても役に立つが、使わないと機能が低下して遂には駄目になる。だから、体だけ使って頭を使わないような働き方を長い間続けていると、体力が衰えたら使いものにならなくなる。

体を動かさないでいると、低下するのは運動能力だけではない。それだけ見たり、聞いたり、考えたりする機会が減り、脳が受ける刺激も少なくなる。寝たきり老人が呆けやすいのはそのためだという。事実高齢で入院して一週間も個室でじっとしていると、確かにボケの兆候が見られるようになるので、最近は個室ではなく相部屋がよいと勧める意見も聞かれるようになってきた。

頭の働きの柔軟さ、変化への対応能力は、適度の運動を毎日継続して行うことによる脳の神経細胞への刺激と深い関わりがあり、ある程度のストレスは必要不可欠とされている。

★ 精神年齢と肉体年齢は相互作用の上に成り立っており、特に壮年期以降に見られる個人差の広がりは、自分が置かれている生活・労働環境に対処する態度、心の持ち方に大きく依存する。

高齢化の最大の障害要因は、気力や行動力の低下に起因する運動不足が、身体的諸機能の活性化に悪循環を及ぼし、その結果として、避けられるはずの筋力の低下を誘発し、その相乗作用は握力・背筋力・脚筋力など、全身の筋活動に及ぶので、肉体年齢の老化を遅らせるには、精神年齢の老化を防止することが必要であると、専門家は指摘している。

（以上の2・3項の、★の参考文献——『中高年活性化のための生涯的職業設計』長町三生著、日本生産性本部）

（4）自分自身の健康づくり——習慣化への工夫

以上、一生涯現役を目指す上で必要と思われる高齢化と健康の関係について述べてきたが、問題は実践である。心身の健康は結果の姿であって、要約すれば健全な食生活、適度の運動、生きがいづくりの総合的な成果である。これ等は相互に、密接に関連し合っているので、その全部に触れることは出来ないし、私はその道の専門家でもないので、ここではまず私自身がこれまでに体験し、感じたことを踏まえて述べてみよう。

「継続は力なり」と言われているが、運動でも何でも継続していくこと。しかし、これによって良い習慣を作り上げ、これを維持していくことは、そう簡単なことではない。多くの人が三日坊主で終わってしまう。そこで続けていくには、以下に述べるような継続しやすい工夫、継続できる環境づくりを、まず考えてみる必要があると思う。

① 1人ではなかなか続け難い。そこで一緒にやれる仲間をつくる。またはグループに参加して仲間に入れてもらう。

② 目標を決めて、小さな達成感を積み上げていく。

③ 楽しくやる。楽しみながらやれるように工夫する。

④ 無理をしない。頑張りすぎてストレスにまでつなげない。性格にもよるが、頑張り方にもいろいろあると考えて、気楽にやっていく。

⑤ まずは何といっても第一歩を踏み出すことであり、きっかけを作ることが必要である。頭の中で考えているよりは、何でも実際にやってみた方が早いし、「案ずるより産

むが易し」という出会いが待っている場合が多い。

グループの楽しそうな雰囲気や元気な参加者に接していると、高年者は皆元気な人たちばかりだと錯覚しやすいが、よく耳にするのは、「引きこもりが多くて、いくら誘っても出て来ない」という声である。特に年配の男性に多いようである。

この点女性は能動的であるが、こうした女性グループからも、「どうしたら男性を引き出せるか」という声が掛かってくる。男性は定年を過ぎても仕事をしている人が多いからかも知れないが、いい加減仕事人間から脱却して、地域での新しい人間関係づくり、自分自身の老後への投資時間を、徐々に増やしていくようにすべきだと思う。

まず第一歩を踏み出すことによって、新しい出会いが生まれてくるはずである。

(5) 自分自身の健康づくり——習慣化への実践事例(1)

理屈は兎に角として、お前はどうなのか——と言われそうなので、私自身の場合を挙げてみることにした。私自身は最初から健康づくりを意識して運動を始めたわけではない。40代から60代に掛けては仕事優先で、酷い肩こりなど、ストレスと運動不足に起因する未病状態の日々が続き、指圧・マッサージ・はり・カイロその他、健康保険の利かない医療費に多大の支出を余儀なくされて苦労していた。しかし現在では、医療費の支出は激減し、年齢の割には元気だと言われる様になっている。

転機となったのは、今から約40年ほど前、止むを得ず参加した朝のラジオ体操会が出発点となり、今日の健康づくりの基礎が出来たと思っている。毎朝6時半から10分間のラジオ体操、その前後10分程のウォーミングアップやおしゃべり、自宅から会場（公園）までの往復のウォーキングも結構よい運動になっている。そのお陰で、夜型の生活習慣が何時の間にか朝型に変わった。

私自身はこうしたことで、体操会に参加している内に付き合いの範囲が広がり、年配者の勧めで指導者講習を受けて指導員になり、多くの人たちと直接接する立場になったことから、高齢化の進んでいく実際、少子化による子供の減少ぶり、参加者の家庭の要介護者の増加ぶりなど、地域社会の変化の動向を目の当たりにして、自分の健康だけでなく、家族や周りの人々の健康問題にまで関心を深める様になり、健康維持・介護予防・医療費抑制など、行政の方針にも沿うことになって、今日に至っている。長い間参加している人たちは、皆戸籍年齢より10歳以上若く見える。

またその一方では、いろいろな人脈が出来て、多くのグループに参加する機会が出来、いろいろな立場の人たちから、いろいろなことを教えてもらっている。この点についても参考までにご紹介しておこう。

私が体操会の参加者の1人から、最初に誘われたのは水泳教室であった。これに関しては後述するとして、次に仲間に誘われて参加したのは社交ダンスであった。自宅近くの中学校の体育館で、週に1回、夜開かれている初心者向けの教室であった。当時は健康づくりの一環として、自治体でも社交ダンスを勧めていた。

私がこれまで指導を受けた、ダンス指導歴30年以上という石村美佐子氏や参加している経験者の話に、私の感想も加えて、年配者の立場から見たダンスのメリットや利用上の留意点を次にまとめてみた。

① 全身運動である。特に脚を使う。足腰が強くなり、瞬発力も強くなる。

② 楽しみながら真面目に練習していると、冬でも短時間で汗ばんでくるが、それ程過激な運動ではない。

③ 楽しく踊るためにはステップを覚えなければならない。したがって頭を使う。最大の問題は、歳を取ると記憶力が落ち、かつ忘れっぽくなることである。そこで途中で止めてしまう人が多い。3日3月3年というが、誰でも最初から上手にできるわけではないので、ゆっくり反復練習しながら、少しずつ覚えていけばよい。これが頭と体の訓練になり、眠っていた神経を刺戟して活性化させてくれる。少しでも踊れるようになってくると、楽しさが増して長く続けていくようになる。

④　異性と組んで一緒に踊るので、お互い相手に合わせていく気配りが必要である。また身だしなみ、姿勢も良くなり、自然におしゃれになっていく。気が若くなる。

⑤　音楽のリズムに合わせて踊るので、ここでも頭・神経を使う。

⑥　最初の出会い（教師・仲間）も大切である。若い人の多いサークルだと、年配者はなかなか付いていけない。プロを目指すわけではないので、自分に合ったサークルを選ぶことである。私はよい指導者に恵まれた。

私は最初、年齢のことは念頭になく、勧められるままに参加したが、後で考えてみると、初めて習うにしては年齢も高く（70歳）、運動神経も鈍い方なので、覚えるのに苦労したが、全身運動としては適度の素晴らしい運動だと思う。また最初は姿勢が悪いと言われて、背中に衣紋掛けを入れられたり、体がねじれていると何回も直されたが、お陰で姿勢も良くなった。

外出も以前は自転車を多用していたが、これも最近は止めて、できるだけ歩くように心掛けている。

これまで、歩く時は背筋を伸ばし、歩幅は大きく、なるべく早足で、そして家の中でも面倒がらずに動くようにと努めて来たつもりであるが、これからは、加齢と共に良い習慣を崩さないような努力が必要だと、最近では痛感するようになってきた。

(6) 習慣化への実践事例 (2) ―水泳グループ童心会との出会い

ダンスと違って水泳は1人でもできる。しかし仲間が居た方が長続きする。また基礎をきちんと教わってから始めた方が、長い目で見て効果的でありベターでもあると私は思う。

●童心会のメンバー

私と水泳との出会いは、ラジオ体操の仲間からの情報提供で、地元の渋谷区で60歳以上の人を対象に、水泳教室への参加者を募集しているから一緒に申し込もうという誘いであった。運良く抽選に当たり、全く泳げない人・少しは泳げる人・泳げる人の3クラスの中の真ん中のクラスに私は入れてもらったが、男性は数人しか居なかったので、最初は止めようかと思った。しかし他に男性を相手に教えてくれる教室も無かったので、兎に角週2回2時間頑張ってみることにした。水中で眼を開けたり、浮く練習から始まった。

これまでは自己流で泳いでいたが、教室に入ってから泳げなくなってしまった。泳ぎ方が違うからだった。25メートル泳ぐと頭が痛くなったりして、これは昨夜呑み過ぎたせいかと思ったりしたが、じつは息継ぎの仕方が悪いためだと分かった。こんな調子で幾らか泳げるようになったところで教室が終わった。

その段階で、これだけでは身に付かないから今少し続けてやろうという話が出て、3クラスの中の有志20人ほどの自主グループが出来、引続き一人の先生に面倒をみてもらうことになった。この時の先生が後述する野寄全子氏で、その後このグループは氏が名付け親となって「童心会」となり、氏の勧めで区の高齢者の登録団体となり、その後20年以上も続いた。解散時の会員の平均年齢は75歳。最高は86歳、約半数が70歳代で、20年も続けていると、60歳で入った人も80歳前後になるわけだ。

会員の前歴は、銀行の取締役支店長、大手企業の役員、デパートの管理職、サラリーマン、技術者、中小企業の経営者、地元商店の奥さん、専業主婦などいろいろで、長い間裸の付き合いをしている内に、自然と以前何をやっていたかが分かってきて、お互いに相談相手になったりする。また通信教育を受講して司法書士の資格を取り開業する人、シルバー人材センターで、趣味の植木いじりの経験を活かす人も出てきた。会の話を聞いて、定年退職した旦那が外に出たがらないので何とかしてくれと、旦那を引っ張ってくる近所の奥さんもいた。生まれてから風呂以外に入ったことが無いという女性も、紹介者が引っ張ってきて、皆で面倒を見るので、1～2ヶ月すれば泳げるようになってしまう。

この会には次のような会則が出来た。

（目的）年代に見合った水泳の基本を習得する。／水泳を通じて各人の健康の維持に貢献し、生涯現役を目指す。／会員相互の親睦を通じて心の健康・若さを保つ。

この方針に沿って、毎週土曜日の午前は自主練習、月4回の火曜日夜が先生の指導日で、☆年代及び個人差に見合った泳ぎ方の習得、☆心身の健康維持・増進のための仲間作りを兼ねた親睦会の企画、☆加齢に伴う身体障害の予防に関する指導及び相談その他を実施。こうした中で、先生の助手として障害者の水泳教室にボランティアで参加する人もいた。和やかで良いグループだったが、ここでも男性の新規加入者が少ないのは残念だった。運動でも趣味でも同じであるが、忙しいから、暇が出来たらとか、その為には特別に時間を作らねばならないからと考えていたのでは、なかなかチャンスは回って来ない。時間の引出しを沢山作っておいて、忙しくても仕事にメリハリをつけて、上手に引出しを開けたり閉めたりしながら、時感（時間ではない）を楽しんでいる人もいる。要するにやる気が有るか無いかという問題で、私は何人かこの様な生き方をしている人に接して、この様な生き方に学びたいと心掛けてきたつもりである。

● 童心会のリーダー

童心会の名付け親は野寄氏だと前述したが、この会が20年も続き、メンバー全員が明るく元気だったのは、氏の人柄と指導振りによる影響が大きかった。野寄氏も還暦を過ぎ、水泳指導歴30余年に及ぶ生涯現役の実践者である。東京体育館でのスポーツ振興運動に、都の水泳連盟のメンバーとして参画したのが社会参加のスタートで、以後主として行政や地域からの協力要請を受けて、ボランティア活動をしてきた。最近は指導対象が「医療・福祉の重視から傷病・介護予防重視へ」という行政の方針に沿って、一般の人々（幼児〜成人）から身体障害者・知的障害者へと広範囲に広がっている。童心会もこうしたグループの一つで、「幾つになっても童心を失わずに」という気持ちが込められている。

野寄氏に、特に高年者に水泳を勧めたい主な理由を挙げてもらった。

①　全身運動である――浮力を利用して全身の筋肉を鍛え、その衰えを防ぐ。

②　心肺機能を強くする――呼吸の仕方を身に付ける。

③　血液の循環をよくする――呆け防止になる。

④　皮膚を強くする――風邪の予防になる。

氏の童心会での指導方針のポイントは、団体指導と、各人毎のレベルに配慮した個別指導を併用しながら、★速く上手に泳ぐよりも、ゆっくりと長く続けて泳ぐこと。★力を抜いて楽に泳ぐこと。★楽しく泳ぐこと。そして時にはいろいろな補助具を使用した。

一人前の社会人として歳を取っていくにつれて、面と向かって注意してくれたり、教えてくれる人が減っていくので、こうしたグループでは、素直な気持ちで自分の方から学んでいく姿勢で接していかないと、地域の新しい老若男女の仲間のお荷物になりかねない。

そこで、いろいろな人との出会いを通じて、人それぞれの持ち味に触れていくという心構えが必要だと思う。

2. 趣味を持つことの重要性を再確認する

――趣味と健康との関係は――

「趣味」という言葉は明治40（1907）年頃から使われるようになった言葉で、それまでは「道楽」と言っていたそうである。辞書を引いてみると、「道楽」は遊興にふける・物好き・放蕩など本職以外のことに夢中になり楽しむ、つまり道楽息子・放蕩息子といったように、深入りし過ぎて本職を疎かにするような場合に使われることが多かったようである。

このような風潮が下地にあったので、「趣味」という言葉に置き換えられるようになったのではないかと思われる。したがって人々の潜在意識の中に、長い間好ましくないようなイメージが根を張っていたために、自然と軽視され、一般の関心も薄かったのではないだろうか。

しかし現在では、趣味はプラスイメージで評価されるように変わってきており、これからはより積極的にプラス面を注視していく必要がある。ちなみに「趣味」を辞書で引いてみると、「専門家としてではなく、楽しみとして愛好するもの」とある。

よく「貴方の趣味は何ですか」と聞かれるが、ひと昔前までは「仕事が趣味だ」と答える人が多かったように思う。今でも改まって開かれると、さて何だろうと考え込む人が少なくないのではないか。私なども以前は、自分の趣味を書けと言われて「読書・旅行・写真」などと無難なところでお茶を濁していた。要するに趣味は、「時間」があったらやるもの、忙しくてそんなゆとりは無いという考え方が支配的だった。しかし現在では忙しくてもやれる。趣味は持つべきだという風に考え方が変わってきている。

会社でもそのように考えて、積極的に趣味を持つよう奨励する所が増えている。従業員の心身の健康は業績にも反映するということに気付いて来たからであろう。しかし個人のレベルでは、まだまだ趣味を持つことに積極的な意義を認め、自らの意思でこれに関わっていく――というところまでには至っていない様に見受けられる。

なぜ趣味を持つ必要があるのだろうか。趣味を持つことは、心の健康に直接関わることであり、心の健康は身体の健康と密接不離な連動関係にあることが、改めて問い直されている。したがってこれからは、趣味は余暇があったらやる遊びばかりではなく、生きがいを生み出していく源泉の一つと考え、受身の形ではなく、自らの意思で積極的に参加し行動していく能動的な姿勢で関わっていく必要があると思う。

3．まずは自分に合った趣味を見つけること

「自分の趣味はこれだ」というものがはっきりしている人は、それが生涯現役的な生き方につながる様な取り組み方をしているかどうか、見直してみるのがベターであろう。これまで「仕事が趣味」のような生活をしてきた人、「自分は無趣味だ」と決め込んでいた人が、さて自分の趣味は何か、何を趣味にしたらよいかと考えても、最初から「これが自分の趣味だ」と言い切れるものが見つかるかどうかが問題である。

以前シニアの集まりで、「趣味を作るにはどうしたらよいか」という質問を受けたことがあった。私の経験から言えば、仕事人間だった人が、最初から仕事以外に自分に合った趣味を見つけ出すのはそう簡単ではないと思われる。そこで、頭の中であれこれ考えているよりは、まずは何でもよいから気の向いたことをやってみたらどうかと薦めたい。

最近は何処の自治体でも、生涯学習の担当を置いて、生きがいの切っ掛けづくりに力を入れているので、最初はこうした集まりに参加してみるのも一つの方法であろう。新しい人間関係が広がっていく切っ掛けにもなる。周りの人たちからの刺激を受けて、自分の過去の体験や思い出が一杯詰まった潜在意識の中で眠っていたもの、自分では気が付かな

かった趣味の種が芽を出して、だんだんと好きなものが見えて来る様になる。そうして見付けたものを続けている内に実力を付けて、教わる立場から教える立場に変わり、自分でグループを作っていく人もいる。自分では気付かなかった過去の経験を活かせる場も出来て、自ら楽しむと共に、その楽しみを周りにも広げていこうとする人も出てくる。仕事以外にこうした場を持っている人は生き生きしている。

4．趣味が長寿の支えとなっている「はたがや短歌会」

私の地元に「はたがや短歌会」という自主グループがある。短歌が好きだ、短歌を学びたいと思っている人たちの集まりである。平均年齢は86歳。一番若い人が75歳。最高齢者は最近まで96歳の女性だった。主流は70歳～80歳代である。渋谷区の高齢者団体に登録している。この会は当初から高齢者のみの集まりだったわけではないが、元気で長く続けている人が多いので、自然と後期高齢者主体の集団のようになってしまったわけである。入会希望者も70歳前後の人が多い。

「箱根山駕籠に乗る人担ぐ人、そのまた草鞋《わらじ》を作る人」という歌があるが、これまでの常識から言うと、この会のような年齢階層の集まりでは、「駕籠に乗りたい人たち」ばかりだと思われるだろうが、年齢にかかわらず皆一人前に役割を分担して会を運営しており、私は会長として、生きがいのムード作り、舵取りの一端を担っている。

会員は毎月二首ずつ作って、月1回の勉強会で発表、先生の講評を受けるが、休む人も辞める人も稀である。全員が元気であり、雰囲気は極めて和やかで笑いが絶えない。昨年二冊目の歌集を出した。

私は入会してから毎年の年賀状には、その年に詠んだ歌の中から二〜三首を選んで、新年の心境をお伝えすることにしているが今では短歌を続けてきてよかったと思っている。

辛いときも楽しいときも歌に詠み噛みしめ味わう短歌の効用

この短歌会の指導者蒔田さくら子氏もまた生涯現役のお手本の様な方である。ことのついでに、同氏の日頃の健康管理面にも学ぶべき点が多いので触れておこう。同氏（現在86歳）は74歳の7月上旬、仕事先で足が滑って転倒、右大腿骨頚骨を骨折して動けなくなり、即刻入院されたが、正味16日間の入院、リハビリ通院21日間で、8月上旬には松葉杖をついての外出が可能となり、9月上旬には杖なしで外出、下旬には仕事で地方に出張。普通ならば長期入院で、下手をすれば以後まともに歩けなくなる所であったという。周囲が驚くようなこの回復ぶりは、当時NHKのテレビで短歌の添削指導に当たっておられ、休めなかったという気持ちの張りと、50歳代から毎日歩く運動を欠かさなかったことにあったようで、運動の継続の大切さを私も身近で実感させられた。同氏の歩き方は現在も歩幅が大きく、速度も若い人に劣らない。

第六章　生きがいを支えていく経済的な基盤の維持・保全

1. 高齢期には何を重視すべきか

財形に関しては、参考書も多く、また多くの専門家が有益な方策を研究して発表しているので、ここでは別の視点から、高齢期の在り方について考えてみよう。

定年後は一般的な傾向として、次第に収入が減っていき、いずれ収入がゼロになる時期を迎えることになる。こうした中で高齢期を過ごしていくためには、何に重点を置いていくべきだろうか。——ということで、次の三点を取り上げてみた。

① 備えの対策——経済的な生活基盤の維持・保全の重視——収入減対策。

② 前向きの対策——生きがいづくりの重視——そのための投資・活動資金対策

③ 守りの対策——油断出来ない生活防衛対策の重視

2. 生活基盤の維持・保全――収入減対策

「老後への持参金」は多ければ多い程よいわけであるが、定年前後からは高齢期に向かって、財形から経済的な生活基盤の維持・保全へと対策の重点を移行させていかざるを得ない。

前述したように、定年後の収入は減っていくと考えられるので、生活に必要な資金をこれまでと同じように賄っていくのは難しくなっていく。そこで安定した生活を維持していくためには、年金や貯蓄に依存する度合いが次第に増えていくことになるが、公的年金の支給見通しは厳しい。また贅沢をしなければ年金だけで生活していける人もいるが、中小企業に勤めていた一般の人や、早くから会社を辞めて独立した人のように、年金の少ない人もいる。中には年金収入の全く無い人もいる。

また高齢期間が長くなるにつれて貯蓄も減っていく。貯蓄の無い世帯が増えていると報じられているが、これも長寿化社会の進行と無関係ではないと推定される。

(1) 当座の対策は

そこで準備対策の内、当座の対策としては、元気で働ける間は働いて、減収分を多少でも補っていくことが望ましい。長い先のことは分からないが、少なくとも高齢期の前期は、最低の生活水準・内容プラスαを、そして周りに迷惑を掛けないようにと心掛けていきたいものである。

当面働いて収入を得なくてもよい人、働きたくない人もいるであろうが、自らの健康を維持していくためにも、社会貢献という面からも、仕事をして、それに見合った報酬を得ていくことが望ましい。ゆとりのある人は、得た報酬を社会のために有効に役立てていくことを考えて欲しいものである。

加齢と共に心配の可能性が増えていく病気や障害、万一の場合の事故の予防や医療費の準備も、避けられないリスク対策として考えておく必要がある。

高齢者が増え、医療費・介護費用その他社会保障費が増加傾向にあり、また生産年齢人口の減少に伴って人手も求められるようになって来た。したがって、元気で働ける間は働くということは、自分の生活のためだけではなく、世の中のニーズに沿うことにもなる。

(2) 対策の第二は支出面の見直し・抑制

対策の第二は支出面の見直し、抑制である。収入は減っても支出はなかなか減らせない。長い間馴染んできた生活習慣を切り替えていくには時間がかかる。元気なつもりでいても、じわじわと体力は衰えていくし、身の回りの生活環境も変わっていく。定年後は、加齢と共にこうした変化に向き合いながら、いろいろな場面で、自分のこれからの生き方を考え、過去への未練を断ち切っていくという試行錯誤を重ね、捨てるもの、残していくものの選別・整理の判断を迫られることになる。これらは支出の見直し、抑制をしていく行為でもある。

例えば、これまでの交際範囲は多岐にわたっているので、これ等との付き合い方を如何していくかという問題一つを取り上げてみても簡単ではない。

さらに留意が必要なことは、不当・不適切な資金の流出を防ぐことである。金利も低く、利殖も難しい時代なので、チャンスがあれば少しでも手許資金を増やしたいと思うこともあろう。収入は減少またはゼロなのに、支出はそれ程減らせないとなれば、たまには臨時収入が欲しいと思うこともある。誰もがこうした潜在的な希望を内包しているはずである。こうした弱点を突かれて思わぬ損害を被る例が少なくない。その具体的な対策は、各人が個別的に講じていかざるを得ない。

（3）対策の第三――個別対策の工夫

高齢期の生活には、これを支えていく経済的な裏付けが必要だということは明確であるが、長寿化が進み、高齢期間が長くなるに伴って、いろいろな問題がいろいろな形で顕在化してくるので、これ等に対する一律的・共通的な対策を求めることは難しい。

人には得手・不得手がある。資産の形成・資産の運用が必要だとは知っていても、蓄財の才のある人もいれば乏しい人もいる。金儲けの下手な人はいくら努力しても、金儲けの上手な人にはかなわない。生きがいの対象として、物質的なものを重視する人もいれば反対の人もいる。気前のよい人、物惜しみする人と、人により性格も様々なので、同じような結果を期待することは出来ない。

家族・世帯構成もいろいろで、一人世帯や夫婦二人だけの世帯も多い。高齢になって子供の援助を受けられる人はよいが、逆の人もおり、歳を取ってもなお高齢の両親の介護に追われている人もいる。高齢化の進展に伴って、これまで予測していなかった様な現象が、次々と現実の姿になってきている。

これ等は直接自ら体験したり、直接身近で見聞しない限りよく分からないので、現在恵まれた生活環境で暮らしている人には縁の遠い世界のように思われるが、何時までも他人事と済ましておられるだろうかと、最近私自身、このようないろいろな人たちと接する機会が増えるに連れて、考えさせられることが増えてきた。

旦那が定年で辞めて、家に居る時間が増えた。その代わりに奥さんがパートで働きに出て行く光景も珍しくなくなってきた。今はよくても明日はどうなるか分からない。隠された問題を内包しているのが高齢化社会である。今後どのような点を重視し、どの様なことに留意していくべきだろうか。

誰にも当てはまる教科書が無いとすれば、やはり自分の置かれた生活環境や立場、自分自身の性格・性向を見直して（棚卸しして）、身近な具体的な事例・情報を参考にしながら、自分に合った最善の方策を思案し、積み上げていく他は無いと思われる。

3. 生きがいづくりに必要な新しい投資・活動資金対策

長生きしても、ただ成り行きで生きていくだけでは意味が無い。活き活きとした生涯現役的な生活を目指したいものである。そのためには若干の活動資金と、その活動のために必要な目に見えない財産づくり、すなわち自分自身への投資を重視していく必要がある。そして出来ればこの投資を活かして、前述した生活のための資金とは別に、多少なりとも新規に活動資金が得られるようにしていきたいものである。

（1）定年後と在職時代との相違点を考えてみる

まず積極的な生涯現役活動に必要な資金について考えてみよう。

在職当時と違うことは、全て自前で賄っていかなければならないことである。その一つが情報収集である。何をするにも情報が必要な時代である。在職中は組織というバックがあって、情報の収集がしやすく、またそのネットワークと資金の利用も可能であったが、これ等を全て自前でやらねばならない。これには費用がかかる。

(2) 厳しい自由競争社会への対応

次に必要なことは、組織を離れて直接自由競争の社会の風にぶつかることになるので、これへの対応策を講じていかなければならないことである。

自由業には定年は無いが、水面下では常に優勝劣敗・自然淘汰という世代交代の流れが渦巻いており、油断しているとこの渦に巻き込まれて流されてしまう。全て自分の意思・判断と舵取りの如何にかかっている。したがって常に世の中の進歩・変化に対応していけるように、各種の情報を仕入れ、自分を磨き続けていくことが必要である。

それにはいろいろな催しに参加して見聞を広めたり、新しい人的交流の輪を広げたりして、いつも新鮮な刺激が受けられるような環境に身を投じていく必要があるが、これには若干の支出が伴う。これは仕事面だけとは限らない。

（3）生きがいづくりへの投資

趣味や運動その他、心身の健康の維持、心の張りにつながるような集まりへの参加の場合も同様で、いずれの場合も若干の費用が必要となる。しかしこれ等の支出は生きがいにつながる自己への投資資金である。生涯現役を目指す上での必要資金として考慮しておきたい。自らの体力や時間・資金のゆとり度などを勘案しながら、こうした自己投資を継続していくことは、老化防止にもなる。

（4）ストックへの配慮

仕事を主として考えるならば、在職中から定年後に備えて自己投資をしている人も多いが、それが退職後直ぐに収入を伴う仕事に結び付けられるとは限らない。世間に認められないと仕事は来ない。したがって定年後の独立を考えるならば、少なくとも最低1～2年位は収入が無くても生活していけるストックを準備しておく必要があろうと、経験者は語っている。

ストックが無いと、注文があったらどんな仕事でもやるということになりかねない。それはそれで意味もあるが、よい経験を重ね、腕を磨き、専門性を深めていこうと考えるならば、仕事を選び、相手を選びながら仕事を受けていくというやり方の方が望ましい。後者は一見贅沢なように思われるが、専門性とか経験の内容・質は、よい出会いを重ねることによって次第に高まっていく傾向があり、これが世間の評価に結び付いていくからである。しかし、それにはやはりそれなりのストックの準備が必要となる。

最近では中小企業診断士の資格を取るのも大変難しくなった。相当の勉強が必要である。しかし資格を取ったからといって、それが直ぐに役立つとは限らない。中途半端な経験や知識だけなら、先方の会社の担当者に、それ以上の実力のある人が少なくない。実際の診断の場で、受診企業の経営者や実務担当の話を聴きながら、その場で問題をつかみ、改善策が頭に浮かんでくるようでなければ一人前ではないと、私も修行時代によくしごかれた。いまどき徒弟奉公は流行らないが、過去に立派な経歴・肩書きを持ちながら、定年後それらのプライドを捨てて、報酬は二の次で助手などをしている人が、私の周りにも何人かいた。理屈だけではよい仕事は出来ない。人生二毛作・三毛作時代には、この様な心構えで自分への再投資を続けていくことも必要であろう。

自分がこれから、どのような生涯現役時代を過ごしていきたいのかによって、対処の仕方は違っていくが、いずれにしても、生活資金プラス目に見えない財産づくりのための資金は準備しておきたいものである。

趣味の道でも楽しみながら続けている内に、教わる立場から教える立場に代わり、生きがいプラス収入につながっている人もいる。これ等のお手本と思われる人も最近は身近に多く見られるようになって来た。

第七章　心の張り――生きがいを何に求めていくか

――自己実現・生きがいの追求

長期化していく高齢期間を有意義に過ごし、大自然の定めた法則ともいうべき臨終定年を迎え、天寿を全うしていけるようにするには、それなりの心構え、準備と対策が必要である。その中でも特に重要な必要要件は何だろうか――ということで、私は四つの要件を挙げてみたが、とりわけ最も重要なものが、ここに挙げる「心の持ち方」であると思う。これがエンジンの役割を果たしていくと前述した。成り行き任せではなく、明確な指針・目標を自ら決定し、実践していくことが、結果として一生涯現役の生き方につながっていくことになる。

「僕の前に道はない。僕の後ろに道はできる。」
（高村光太郎）

「道は自分でつくる。道は自分で開く。人のつくったものは自分の道にはならない。」
（相田みつを）

「可能性は自ら切り開いていくものだ。今は何も見えず、不安かもしれないが、夢を持って走り続ければ、必ず目指すべきものに焦点が合うときが来る。それまで頑張りなさい。」

（郭茂林、霞ヶ関ビルの設計・建築グループの指揮者）

定年後、生涯現役を目指して、未知の世界に踏み出していくからには、まず自分自身が「どの様に生きていくか」をはっきりさせることが必要である。「何をしてよいかわからない」と言って、いつまでも成り行きに任せていたのでは、生きがいの日々は生まれてこない。その上人生も多毛作時代である。企業の定める定年は繰返しやってくる。はっきりさせるにはどうしたらよいか。……これでよいという方法は無いが、方向付けの参考までに、次にその方法・手順の一例を示してみよう。

1. まず第一歩は現状分析から

次の七つの視点から第三者の立場に立って、自分の現在の姿を見直してみよう。ただし人生には、晴れの日もあれば雨の日もある。目先の環境だけに捉われず、肯定的な気持ちで挑戦していく姿勢が欲しいと思う。

①現在の自分は、次の内のどんな立場に置かれているか。

・定年までには、まだ十分な期間がある。

・定年前後の年代になっている。
・既に定年を過ぎて、第二の人生に入っている。
・定年後の人生の、第一段階を無事通過し、次の転機に立たされている。（長寿化に伴って、人生は多毛作時代に入った。一度方針を決めたら、何時までもその延長で行くというわけにはいかなくなっている。とりあえず不本意ながら再就職先を選んだという場合もある）

②これまでの準備・心構えの有無・程度はどうだったか。
・準備してきた——どの程度してきたか。
・考えてこなかった——その理由は？（50歳以上の中高年の60％以上は、仕事に必要な能力開発・自己啓発を行っていない。厚生労働省の調査より）

③働く環境・条件・意欲はどうなのか。
・働けるのか（体力、健康状態、その他）
・働きたいのか（意欲）
・働かねばならないのか（経済的な理由その他）
・働かなくてもよいのか（ゆとり）
・働きたくないのか（引退・休養したい）

・家庭の事情（家族の理解・協力度、介護の必要その他）

④収入の有無や必要の程度（経済面）

・現状やその見通しについて（当分はやっていける。ゆとりが無い等）

⑤何をしたいのか（仕事に限らない）

・したいことがある。

・したいことはあるが迷っている。

・何をしてよいのか分からない。

・何もしたくない（何故か）

⑥やりたいことはあるが、障害になっているものがある。

・条件が厳しい（資金不足・選択の幅が狭い・実力不足・自信が持てない等）

・リスクが大きい（新しい分野など）

・チャンスが少ない（希望する仕事や、職場・時期など）

⑦人脈の多少――知人・友人その他相談相手や力になってくれる人の有無・多少。

以上のそれぞれの状態と共に、それらの組み合わせによって、具体的な対応の仕方が変わってこよう。

2．自分の経歴——これまでの経験の内容を具体的に洗い出してみる（横糸）

社会に出てから今日まで、どんな組織・状況の中で、どんな仕事を、どんな方法でやって来たかを、仕事を中心として記してみる。

これは人に見せるための履歴書ではなく、あくまでも自分自身の、ありのままの姿を見直してみよう（棚卸し）というのが目的であるから、その時の地位や肩書きだけでなく、やってきた具体的な一つ〳〵の仕事について、どんな立場で、どんな実績を残してきたか。そしてどんな評価を受けたかを思い出しながら、時系列に、立体的に記してみる。

立体的にとは、単なる事実・項目の記録を列挙するだけではない。その当時の、その場での、ナマの自分を重ね合わせ、具体的なストーリーにまで膨らませて思い出しながら、メモを取ってみるとよいと思う。

組織という歯車・規制の中で、自分の名前や形（制度）、やり方（流儀）、後輩に伝えてきたもの、改善や工夫の足跡など何か残してこなかったか。その成功例や失敗例も。

それらから自分が何を学び、何を身に付けたか。また、人間関係を含めて、周りにどんな影響を与えただろうか等々を、できるだけ具体的に洗い出してみることである。

この様にして、どんな状況下で、どんな立場で、どんなことをしたか、したいと思ったか……と洗い出していく中から、今の自分に何ができるか、更に何を補っていく必要があるか――といった回答が出てくるはずである。

ただの記録――項目・事実を列挙しただけでは、その中に隠れている生々しい状況（背景）や周りの人々の感情・行動は見えてこない。列挙した記録を基に、その中に隠れているものを呼び起こし、メモを取り、メモによって見逃していた時間、忘れていた過去を再認識することによって、そこから、これまで気付かないで来た新しい時間を創造していくことができるのではないか。

これは自分の頭の中に、自分史を書いてみるようなものである。これまで、ただ伊達に歳を取ってきた訳ではない。年齢を積み重ねることによって出来た幅広い経験や知識というフィルターを通して、明らかになった自分の過去の事実を読み直すことによって、過去に新しい意味づけが出来、同じ出来事が違った意味を持つようになるであろう。

そこから新しい自分を生み出していける可能性が見えてくるはずである。

3．自分の歩みを貫いてきた心棒を洗い出す（縦糸）

人生を織物にたとえるならば、前述した自分のこれまでの経歴の記録は横糸に当たり、次の三項目は縦糸の関係になる。縦糸とは、いわばこれまでの自分の歩みを、縦に貫いてきた心棒のようなものである。

① 自分はどんな性格か。長所・短所は。そして得意なもの、不得意なものは何か。

② 適性――自分はどんなこと（方向）に向いているか。向いていないか。

③ 自分の生き方・姿勢にはどんな傾向が見られるか。

40歳も半ば過ぎたら、そろそろ自分の先行きが見えてくるようになるので、横糸と縦糸を総合して、あらためて自分の将来を考え直してみることが必要になると思う。

また前述の三項目の内、②と③は、これからの方向を見直し、選択する上で、特に重要になると思われるので、項を改めて取り上げることにする。

4．適性――自分はサラリーマン型か、一匹狼型か

自分はこの内のどちらに向いているのか――これらの方向は、だいたい次の二つに大きく分けられるのではないだろうか。

①自分はこれまでと同じように、組織の枠の中で、サラリーマンとして生きていくのに向いている。

与えられた目標・条件の中で、上司の意向に沿って、またはその指示・指導を受けながら最善の努力を尽くしていくというタイプであり、組織の中での努力、成果が認められて、昇進・昇格していくことに生きがいを感じるタイプである。

②自分は組織のルールに縛られて、辛抱していくのが苦手である。(個性が強い)

小さなことでも任されて、自ら方針を立て、目標を決め、新しいことに挑戦していくタイプであり、自分の考えを主張したり、行動の自由が認められるような環境・条件の中で仕事をしたいと願っている。したがって、管理職を目指すよりは、自分の望む仕事についての経験を積み、専門家あるいは独立・経営者を志向していくようなタイプである。

5．自分の生き方・姿勢の傾向を確認する——人生観・価値観

自分はこれまで、何に重点を置いてやってきたか。これからは、どこに重点を置いてやっていくかを、はっきりさせる。

たとえば、次のどちらに当てはまるか。

①どちらかといえば、物質的なもの。経済的なものへの追求に関心が強かった。——財

産（金・物）・地位・権力・名誉・立身出世などなど。

②目に見えない精神的なものへの関心が強かった。経済的なものよりは、むしろ社会に役立つ生き方の追究とか、社会貢献志向など。

③自分の家庭よりも、会社・仕事を優先してきた。またはその反対。

④グループの中での活動よりも、自分（個人）を中心とした生き方を優先してきた。またはその反対。

⑤しっかりとしたバックボーンを持ってやってきた。またはその反対。

最近は、不祥事を起こしてマスコミの話題にされる企業の例が後を絶たない。それだけに、企業という組織の中での個人の在り方が問われることにもなる。

また有名人の不祥事も多い。目先の欲に目がくらんで、人間としての品格が問われ、晩節を汚す人も少なくない。

したがって、これまで勤めていた企業を辞めて再出発する場合には、あらためて社会における自分の在り方・生き方を見直しておく必要もあろう。

私たちは日常生活の中で、右か左か、絶えず大小さまざまな選別・決断を迫られながら暮らしている。重要な問題に直面した場合に、独自で決断を下さねばならない場合、何を判断の基準にしているのだろうか。

前述したように、自分の考え方の癖や、これまで蓄積してきた体験の内容・質（目に見えない財産）がものをいうことになる。したがって、自分がこれまでに、どんな人から大きな影響を受けてきたかを問い直してみる必要があろう。こうした面から私は、自分の手本となるような尊敬できる人物、「人生の師を持つ」ことが非常に大切だと考えている。また日常自分の心の支えとなるような座右銘を持つということも大切である。

「日本人は、技術の習得には熱心なので、平均的な水準は低くないが、文化的な力（理想・教養）が身についていないので、世界ではリーダーとして通用しない。理想と教養が無く、ただ技術だけを習得した結果での失敗だ」（帝京大学教授・筒井清忠）の意見を参考に、心の貧しさについても、自分はどうかと考え直してみたいものである。

以上のような点に着目して、自分にとって望ましい方向付けが大体出来たら、その方向に向かって新しい挑戦の努力を積み上げ、自分を磨いていくことである。

歳を重ね、経験を積むにつれて、よりはっきりとトータルとしての自分が見えてくるので、年齢にかかわらず、節目・節目で自分を振り返り、自分が決めた方向に軌道修正が必要ではないだろうかと、再確認していくことも重要であろう。

6. 具体的な方針・方向をはっきりさせていく

(1) 総合判断――方針・方向の決定

自分の置かれた現状や、自分の姿がある程度はっきりしてきたら、分析結果を総合判断して、大まかな方針・方向付けを具体化し、行動に結びつけていくことが必要である。そのステップとして、下図のような三つの円を示してみた。

図の円のAは、「自分のやりたいこと」を示すものとする。ただしこれは、社会のニーズに沿うもの、社会貢献を志向するものでありたい。会社を離れて自立した後は、直接社会との関わりの中で生きていくことになるので、生涯現役を目指す以上は、自分だけの幸せの追求ではなく、「少しでも社会に役立つこと」を念頭に置いて、行動していくべきだという考え方による。

円のBは「自分のできること」を示すものとする。絵に描いた餅であっては食べられない。最初は小さな円であっても、芯がしっかりしていれば、行動を伴うことによって、次第に雪だるまのように、大きな円に膨らませていくこと

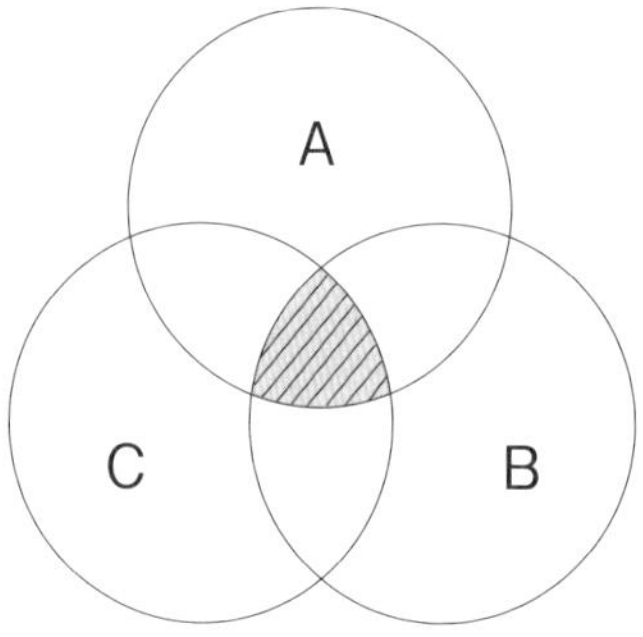

が可能である。

円のCは、「自分独自のもの、自分の持ち味を活かせるもの」を示すものとする。人の真似はしない。若い人と競合しないような、独自の工夫、心がけがにじみ出たものであってほしいと思う。これも心構えの積み重ね次第で、新しい気づきが生まれ、広がっていくはずである。

この三つの円が重なった斜線の部分に、以上のようなことを踏まえた、具体的な自分の思いをはめ込んでみる。円の中にはめ込むものは、仕事に関することだけとは限らない。趣味を活かしたいと思う人もいるだろうし、ボランティア活動を目指す人もいるだろう。人それぞれでよいのではないだろうか。

ただし、ここでは仕事を中心として考えてみることにする。スタートは仕事であっても、その後もずっと仕事一筋の人もいれば、趣味から入ってそれが仕事になっていく人もいるし、いろいろ状況によって変わっていくのが、長寿社会で一生涯現役を貫いていく上での自然の姿ではないかと思う。いずれにしても、はめ込んだ自分の思いの中で、この三つの円が重なった斜線の部分を選択し、その実現を目指す。

（2）一歩踏み出す決断・勇気

まず太い線を一本引いてみる。枝葉は後からつけていけばよい。だいたいの方針が決まれば、あとはやりながら軌道修正していく。

次の段階は、小さな決断を積み重ねながら行動に移していくことになる。何でも最初から思い通りになるとは限らない。間違ったと思ったらやり直せばよい。一つや二つの小さな失敗は当たり前、誰でも経験することだと思って落ち込んだりしないことである。

性格にもよるが、万全を期して石橋を叩いて渡る人もいれば、渡れない人もいる。また走りながら考える人もいる。いずれにしても、まず動かなければ変化は起こらない、理想的な状態・条件でなくても、ぶつかっていくうちに、いろいろなものが見えてくるし、思いがけないチャンスに出会うことができる。一歩踏み出す勇気が、その後の世界を変えていくはずである。プラス思考で、その気になって踏み出せば、自分のこれまでの体験・蓄積が、何かを見つけ出し、気付かせてくれるはずである。

第八章　仕事で自分を活かしていくには

1. どのコースを選ぶか

現状分析・自己分析の結果を踏まえて仕事を中心に考えていくとしたら、定年後はどんな道が自分に向いているだろうか。この場合の主な選択肢として、次の四つを代表的なコースとして取り上げてみたが、ここでは①②を主とし、関連事項を含めて、参考になると思われることを述べてみよう。

① 企業で働く――継続就業か、転職（再就職）かの選択
② 独立・起業への選択
③ シルバー人材センターの利用
④ ボランティアセンターの利用、その他

2. 企業で働く道を選ぶ

(1) 継続勤務の道を選ぶ場合の留意点

もし企業に定年制度が無ければ、大多数の人々は同じ会社で正社員として、引続き慣れた仕事を続けていくことを希望するに違いない。しかし現実には定年によって、それまでの雇用方式は中断される。そして多くの企業では、再雇用という形に切り替えて雇用を継続しているのが現状である。法律では希望者全員を、65歳に達するまで継続雇用するよう義務づけている。現在では65歳以上についても、70歳まで、出来れば75歳までの継続雇用をと求められており、実施企業も増えつつある。

再雇用とは、定年で一旦会社を辞めて再就職する形になるので、当然労働条件も仕事の内容も原則として見直されることになり、従業員にとってはかなり厳しい選択となる。しかし、離職して失業のリスクを経験するよりはましなので、会社の定める条件を受けて、再雇用の道を選ぶのも一つの方法である。

そこで希望者は改めて会社から再評価(正社員としての最終的・総合的な人事考課)を受けることになるので、必ずしも本人の希望通りの条件で再雇用されるとは限らない。

したがって、定年を間近に控えている人は、改めて次のようなことを考えておく必要がある。ただし再考の時期は、定年年齢の近くより、早ければ早い方がよい。

①　自分は会社にとって必要な存在かどうか。

②　会社は自分に何を期待しているか。

③　これからの会社のニーズに応えていくため（役に立つため）には、自分に何ができるだろうか。

会社の置かれた厳しい現状を考えながら、以上について自問自答し、自分なりの対応策を講じていくことが望ましい。

なぜこの様な分かりきったことを改めて記したのか――と言えば、人間は普段、頭の中では分かっているつもりでいても、尻に火がついた状態に追い込まれないと、真剣に考えて行動に移せない傾向があるからだ。

会社が順調にいっている時は、いろいろ問題があっても、それらは水面下に沈んでいて目立たず、何となく見逃していた問題点が、事件が起きたり、業績が悪くなってくると、これに誘発されて、次々と顕在化してくる。

こうした例が最も顕著に表れるのが、多くの企業がリストラの必要に迫られる不況期である。これまでの不況期にも、沢山の高齢者が企業から放出され、労使双方の甘えの体質が社会の話題になったことは、まだ世間の記憶に新しい。

個人としては、同じような轍を踏まないように、日頃から、自分が会社に残って欲しいと思われるような人材であり、会社からも惜しまれて去っていけるような存在であるようにと、心掛けていきたいものである。これは役職が上位の人たちだけではなく、現場の直接作業に従事している人などについても同じである。

これから再雇用の道を選ぶ場合でも、再雇用された後の場合であっても、自ら希望する前に、「まず自分は会社から選ばれる存在である」ということを忘れてはならないであろう。

(2) 再就職(転職)の道を選ぶ場合の一般的な留意点

これまで勤務してきた企業での再就職が認められなかった場合や、自分の意思で定年退職した場合で、他企業への再就職を希望する場合について考えてみる。

まずは自分の就職したい企業を決めなければならない。最初から理想の就職先に出会えればよいが、次善の策をとらざるを得ない場合もある。高年者の再就職は、年齢が高くなるほど難しくなるので、若い頃のように就職先を選ぶことが、だんだん難しくなると考えておいた方がよい。

だからと言って、何処でもよいというわけにはいかないだろうから、業種や企業規模・職種など、自分に向くような方針を立てて、できるだけ希望に近い所を選び、生きがいの場を早く見つけることが先決であろう。それから先のことはまた、改めて考える。場合によっては仕切り直しも必要と考えて臨んでもよいのではないだろうか。

これまで長い間精一杯働いてきたので、ここらで少しゆっくりしたいと考える人も少なくない。ごもっともだと思う。しかし、休止期間が長くなると、満員電車にもまれての通勤が何となく億劫になっていくし、日々めまぐるしく変化していく社会の動きに追いついていけなくなる恐れもあるので、生涯現役を目指すならば、この辺りのことも考慮しておくことが望ましい。

就職したいと思う会社が見つかれば、次の山場は面接である。自分の売り込みも大切であるが、まずは自分が選ばれる立場にあることを考えて面接に臨むことが必要であろう。ここでも、前項で述べたことと同じような課題に直面することになる。

★　先方の会社は、どんな人材を求めているのだろうか。
★　先方の会社のニーズは何か。（解決を必要としている問題など）
★　先方のニーズに応えていく（役に立つ）ために、今の自分に何ができるか。

といった様な課題に対する回答を準備していければ理想的であろう。

先方の会社も自分も、お互いに未知の関係にあるだけに、先方の選別のハードルは、再雇用（継続雇用）の場合よりも数段高いものと覚悟しておく必要がある。

何処の会社でも中途採用の場合には、即戦力として役立つ人材を求めている。仮に優れた潜在能力の持ち主であったとしても、今直ぐに役立つもの、何ができるかが問われることになるので、これまで潜在能力に磨きを掛けてこなかった人は、前述した次善の策の中で、働きながら磨きを掛けていく方法を選ぶことができると考えて、諦めずに挑戦していくことである。

ここでも継続勤務の項で述べたように、自分はこれまで勤めていた会社（仮にA社とする）で必要な存在であったかどうかと反省してみることが望ましい。採用する立場に立って考えた場合、A社で役に立たないからといって放出されたような人を、B社が無条件で採用するであろうか。

前述した不況リストラ時代には、A社で扶養家族のような存在であった人々が、そうした自覚もなく、A社の看板（知名度など）を背負ってB社の面接を受け、B社の面接担当者からは、「A社に長い間勤めていながら、これまで何をやっていたのか」という評価を受けているケースが多いと世間の話題になり、雇用のミスマッチの一因とされた。

私は長い間高年齢者雇用アドバイザーとして、政府の要請を受けて各社を回り、定年になる人々の再雇用を進めていくための相談に乗ったり、高齢者の社内での活用を訴えてきたが、再雇用が難しいという理由の一つとして、その当時は、「年配者は役に立たないから辞めてもらった方がよい」のだという回答が圧倒的に多かった。

こうした結果を招いたのは、企業側にも定年に至るまで、こうした状態を黙認して来た責任があるが、本人の在職中の在り方にも問題があったからではないだろうか。長い間「井の中の蛙」でいると、世間が見えなくなる。天下泰平の時代には、多くの人々が社内での評価に満足しているだけで、社外に出て、自分がどう評価されているかということには関心がなかった。こうしたことから、定年になる人には一旦退社してもらって、数ヶ月間世間の空気を吸って苦労してもらい、改めて再就職してもらうという方法を取っている企業もあった。

リストラ時代には、直接労働市場に身をさらすことによって、自らの考え方の甘さを知った人が多い。私自身もそうした人から再就職の相談を受けたことがある。自分の持っている知識や経験・能力が、果たしてどの程度社外に出て通用するものだろうかと、出来れば在職中から考えておくことが望ましい。これまで勤めていた会社の名前や肩書きは、会社を離れた社外ではそのまま通用しない。「何ができるのか、どんなことをして来たか。何がしたいのか」をはっきりさせることが求められる。

定年になってから、こうしたことに気が付いたのでは、直ぐには間に合わないこともある。しかし前述したような自己分析の結果から、自分の中に眠っていた宝物を掘り起こすことによって、自信の芽を見出すことができるであろう。これまで繰返し述べてきたように、誰でも何もせずに、歳だけ取ってきたわけではない。何らかの経験を積み、世間の荒波にもまれてきた、活かせる能力を持っているはずなので、その気になれば、出直すことも不可能ではない。岐路となるのは、本人の自覚、気付きであり、再挑戦への意欲である。

したがって、自分が期待する条件での再就職が無理であったとしても、次善の策として、今の自分のレベルに見合った再就職先を選び、そこで自分を磨き直していくことが、生きがいにつながっていくのではないだろうか。

（3）特に大手・中堅企業から一般の中小企業に移る場合の三つの留意点

再就職先を選ぶに当たって、大手・中堅企業から一般の中小企業に移るに当たっては、特に次の三点について、予め留意しておくことが望ましい。

① 大手企業で育った人材は、専門能力はあっても、どちらかといえば優秀な部下に支えられて、管理能力を発揮する業務・経験に偏している場合が多い。

これに対して、人材不足・人手不足の中小企業では、大半の業務を自ら行わなければならない場合が多い環境下にあるので、「何でも自分でやる」くらいの覚悟が必要である。

② 中小企業では、社長を頂点とする同族企業が多いので、同族色・同族臭が強いという

ことを承知しておく必要がある。

③　特にトップの性格・考え方・方針などによって、個性的な社風・風土が出来ている所が多いので、上位職に就く場合には、トップ層との相性はどうか――について、よく考えておく必要がある。

3. 生涯現役時代の継続勤務と再就職

(1) 両者に共通する二つの課題

定年後も働きたいという希望者は多い。しかし現実はなかなか厳しいのが実際の姿である。こうした状況の中では、兎に角継続勤務や再就職の場を得られて、まずはひと安心と思うのが当然であろう。しかし生涯現役を目指すとなると、「収入を得て働く場が得られてよかった」という従来型の受け止め方だけではすまないのではないだろうか。

ここではこうした視点から、両者に共通する課題について考えてみることにする。

平均寿命が延び、家族を含めて長くなっていく自分たちの高齢期を、どの様に過ごしていくかが、長寿化社会の大きな今日的課題になっているということは既に述べた。

第一の課題は、こうした問いにどう答えていくか、回答を出していかなければならないことである。

60歳以上75歳までの人を前期高齢者と呼んでいる。75歳までは現役として十分対応していけるはずだとする考え方が普及・定着しつつあることについても既に述べた。

加齢と共に個人差が広がっていくので、一概には言えないが、心身が健康でやる気があれば、75歳までは十分にやっていけるはずだと、私も自分自身の体験から確信している。現に80歳代になっても、60歳代の人たちに劣らず、元気に活動している人たちが増えている。

時代はいずれ、法律で定める定年も65歳になり、70歳までの継続雇用制度が義務として企業に課されるようになると推定されるが、働きたい、働ける、働かねばならないという立場の人たちから思えば、現在の65歳を上限年齢とする雇用義務の仕組は、如何にも中途半端な仕組である。しかし、だからといって企業に終身雇用を期待するわけにはいかない。とすれば、上限年齢に達した後、再びそれから先如何するか、という同じような問題に直面するであろうことを、前以って念頭に置いておく必要がある。

したがって第二の課題は、現在の定年年齢を点と考えず、継続雇用の上限年齢までをゾーン（範囲）と考えて、この期間中に何をどの様に準備していくべきかと、次の一手を考えておくことである。

同じような仕事をしているのに、給料が下がるのは面白くないと考える人もいるが、物は考えようで、安くても給料を貰いながら、新しい仕事を覚えたり、新しい職場での人間関係づくりに苦労することなく、後輩の面倒を見ながら、自分の次のステージの準備ができることは幸せなことだと考えて、その期間を積極的に活用すべきであろう。

最近は「エイジレス」という言葉をよく耳にするが、無条件ではなく、幾つになっても貢献度や存在価値によって評価を受けることに変わりは無い。

日進月歩で変化していく世の中の動きに対応していけるかどうか。自分自身についても、加齢と共に衰えていくものにブレーキを掛け、これをカバーしていけるものを補充していけるかどうか。これらのトータルとしての付加価値を自分に付けていくことが、幾つになっても年齢相応に役立つものを持ち続けていくということになる。先達の言う、「60歳になったら60歳なりの、70歳になったら70歳なりの」という意味・内容は、こういうことではないだろうか。

（2）再就職先（新しい職場）における在り方、八つの留意点

この項では、既に定年を過ぎて次の職場に就いた人、または就く予定の人を主対象としているので、具体的な方策は、各人の置かれた環境・条件に応じて、各人なりに考えてい

ただくことにして、前述した二つの課題に答えていくために重要と思われる主な留意点を、八項目にまとめて取り上げてみた。

何れも頭の中では分かっているが、実際の場面では見落としがちな盲点のようなものである。しかし先輩たちが、自らの生きがいづくりの実践の渦中で、苦い失敗の経験を重ねながら摑み取ったものであるから、貴重な指針になると思われる。

定年後の自分の姿は、若い頃から自分が吸収して、血となり肉となったものが全て滲み出ている姿なので、場合によっては大幅な見直し、自己改革が必要であるかもしれない。したがって、自分の過去を鏡に映しながら、自分のこれからの生き方に磨きを掛けていくつもりで、その一助にして頂ければと思う。

① 中小企業だからといって、馬鹿にしてはならない。

知名度が高くて人材が集まりやすい大手・中堅企業では、学卒の優秀な人材を選別・採用し、入社後もその育成に力を入れているので、平均的なレベルは高いはずである。しかし「兎と亀」の童話ではないが、長い間には個人差が開いていくので、自己評価が新しい受け入れ先企業（再就職先）の評価と一致するとは限らない。

一方中小企業では、企業の内容が優れていても、知名度が低いので、優秀な人材を集めにくい。しかし、四流と思われる人を採用して、一流の人材に育て上げながら、立派な業績を上げている企業が少なくない。企業が求めているのは学歴や学校の成績ではなく、役に立つ人である。厳しい経営環境の中で、中小企業の経営を支えているのはこうした人たちであり、現場の作業員といえども実務にくわしく、現場で叩き上げた実力社員が一杯いる。したがって規模や外見で評価してはならない。逆に、自分が再就職先で、評価を受ける立場にあることを自覚した上で、第一歩を踏み出す心構えが欲しい。

② 受け入れてもらえる場づくりを

新しい職場に入ると、これまで長い間そこで働いて来た古い人たちとの間に、新人に対する警戒心や興味など、目に見えないいろいろな人間関係の障壁が立ちはだかるのが普通である。この障壁を崩しながら、その中に溶け込んでいくのはなかなか難しいものである。したがって、その中で自分を十分に活かしていくには、まず第一にこの壁を乗り越えて、自分の居場所を確立していくことが必要である。

そのための場づくりをしていく上での留意点を次に述べる。

③ 自分の過去や肩書きにこだわらない

自分の過去にこだわる人、最初から肩書きを欲しがる人が多い。これでは新しい組織・職場に入っていく場合に敬遠される。新しい社会はこれまでの世界とは関係ない。前の会社の知名度も肩書きも通用しない。裸の自分である。

新しい環境の中で、いろいろな問題点が目に付いたとしても、自分の過去の経験や知識を基準にして、前の会社と比較したり、前の職場ではこうだったと安直に口にすることは、周りを一段下に見ていると受け止められて嫌われる。

重要なことは、周りとの信頼関係を築き、新しい組織の中に受け入れてもらえるような場づくりであり、第二の職場で、次に備えて、自分の腕を磨けるような環境・条件を作っていかないと、何のための再就職かということになってしまう。

裸の状態の中で、周りの評価を受けながら、社内での新しい序列が作られていくことになるので、過去のことはどうであろうと、（たとえ自分の実力に自信があったとしても）、新しい組織の中では新入社員・雑役運搬係りのつもりでやっていく。口先だけではなく、事実や結果で実績を示していくように心掛けていくことが大切である。

実力があれば、自分の方から働き掛けていかなくても、相手の方から頭を下げてくる様になる。肩書きよりも相手から信頼され、当てにされるようになることが第一で、肩書きは後からついて来るものである。

これは上位の役職者についても同じである。

特に役員や部長クラスとなると、社長や幹部から直接ぐち話や扱いの相談を受ける以外、一般の外部の人には分からない。人財は欲しいが人材（人手）は結構だというのが、中小企業のトップの本音であり、悩みでもある。再就職する人は、こうした面での自覚が欲しい。

④　評論家は嫌われる

知っていることとできることとは違う。よく勉強している。何でも知っている。弁も立つ。それはそれで必要なことで評価される。しかし実際には口先だけで、実行が伴わない人が、特に大手・中堅企業の出身者、ホワイトカラーに多いと言われている。

デスクワークに偏っていて、フィールドワーク、現場での実践を重視して来なかった人に多いようである。こういう人たちは「知識があっても智恵が無い」とよく言われる。長い間部下に支えられて仕事をしていると、現場にも実務にも疎くなりやすい。したがってこうした壁をぶち破っていくには、まず新しい職場で、努めて現場での実務を経験し、現場の空気を摑み、新しい実務経験を積んでいくようにしていくことが望ましい。

自分で実際に水の中に手を突っ込んでみなければ、水の本当の冷たさは分からない。「現場は、切れば真っ赤な血が吹き出るような真剣勝負の場である」と、中小企業の経営者の目は厳しい。

自分で苦労して覚えたことは身に付く。役に立つ。しかし、教わったことは忘れやすい。折角の再出発のチャンスを無にしてはならない。

⑤ 雑用を馬鹿にしてはならない

どんな仕事にも意味がある。グループや団体などの運営時によく見られることであるが、社会に出たら、過去の経験や肩書きに関係なく、全員が皆同列で、何でも手分けしてやらなければならない。受付でも封筒の宛名書きでも、文句を言わず、一人前にきちんとやれる人は当てにされ、人脈も広がっていくが、人並みに出来ない人や、くだらないといって敬遠してやらない要領のよい人は相手にされなくなる。

在職中に、将来に備えて社外の任意団体に加入し、会員になっているような場合も同じである。会社での肩書きが部長であろうと平社員であろうと関係なく、一律扱いとなる。したがって、こうした場面にぶつかると、その人の人柄や日頃の仕事振り、心構え、実力などが自然と分かってくる。気に入らない仕事はやらないで済ませてきた人に評論家が多い。再就職の場合にも同じことがいえる。

ある会社では、「平凡なことを非凡にやろう」を指針に掲げ、新入社員のうちから、「雑用を馬鹿にするな、どんな仕事でも打ち込んでやれ」と教えていた。

中小企業では、何でもやらねばならないし、何でもできるに越したことはない。職場は生きがいづくりの道場だと考えて、どんなことにも積極的に取組んでいく姿勢が、実力発揮の場となり、自信に繋がっていき、周囲からも評価されるようになる。

⑥ よい人間関係づくりを心掛ける

高年齢者の中途採用で、採用後上手くいかなかった理由を見ると、「人柄に問題があり、社内での人間関係が上手くいかなかった」とか、「人間関係で不都合が生じた」、「職場に溶け込めなかった」といった調査結果が多い。

高年齢者雇用アドバイザーとして、かつて私の仲間だった柳沢国衛氏が関係したO社でも、親会社や取引先から多くの定年退職者を受け入れていたが、過去の肩書きやプライドを捨て切れない転籍してきた高年齢者が、「俺が」「俺は」と言って、元からいる同社の従業員としっくりいかない面が多く、人間関係の円滑化に頭を痛めていた。

そこでO社の工場長は、別図表（次ページ）のようなチェックリストを工夫して、自分の問題点を全員に自己申告させて、自らの問題点を自覚させ、各人の自覚的努力で人格を

自己を知るチェック

高年齢者が組織の中で楽しく役割を演じ、持てる能力を発揮していくには人と人との関係、対人関係処理能力が求められます。次の項目で自己を知るチェックをしてください。

	YES	NO
①自分が悪いと分かったときは、素直にそれを認め謙虚に誤りを正す………①	□	□
②卑法な言い訳や責任回避はしない………②	□	□
③自分の意見に固執したり、偏狭であったり、ガンコではない………③	□	□
④くよくよしたり、執念深くすることなく、素直であり、淡泊である………④	□	□
⑤過去の看板はさらりと捨て、自分自身を知る………⑤	□	□
⑥明るい表情で対応する………⑥	□	□
⑦相手の言うことを聞く………⑦	□	□
⑧役割分担を自覚して果たす………⑧	□	□
⑨相手が知らないことを教えるときは、さりげなく教える………⑨	□	□
⑩ほめるときはタイミングよく、そして効果的なホメ言葉を使う………⑩	□	□
⑪自分の発言には責任を持ち、約束を守る………⑪	□	□
⑫少々具合の悪いことがあったとしても、自分のほうから明朗に話しかけたり、挨拶をすることができる………⑫	□	□
⑬相手が理性を失って、カンシャクを起こしているときでも、自分の感情を抑制することができる………⑬	□	□
⑭他人の悪口やうわさ話はしない、陰口には積極的には加わらない………⑭	□	□
⑮日常生活では挨拶と笑顔は欠かさない………⑮	□	□
⑯自分が話すことに一生懸命になることより、むしろ聞き上手であることに努める………⑯	□	□
⑰皮肉やあてこすりを言ったり、したりすることはない………⑰	□	□
⑱他の人と協力する必要があるときは、こころよく、積極的に協力し、逃げ腰にならない………⑱	□	□
⑲自分のものさしで相手を判断しない………⑲	□	□
⑳知ったかぶりをしない………⑳	□	□

判 定 表

採点基準
YES……2点
NO……0点

総 点	評価	講　　評
30～40点	A	結構です。更なる人間としての幅を広げてください。
20～29点	B	まあまあです。
10～19点	C	自分を磨く努力が必要です。
0～ 9点	D	相当の反省が必要です。

資料：「65歳現役社会実現に向けてQ＆A」柳沢国衛著／（社）千葉県雇用開発協会

向上させる仕組みを作り、挑戦させせた。そして全員が年二回上司と面接して、自分の改善目標を決めさせ、この結果を公表して、それぞれが問題点の改善に挑戦している姿がはっきり見えるようにした。その結果高年齢者を問題視していた人たちも、応援の目を向けるようになったと言う。

「人間関係をよくする」と口で言うのは簡単であるが、「自分で自らの問題点を自覚し、自ら目標を決めて改めていくようにしない限り難しい問題である」というO社工場長の経験は傾聴に値しよう。

⑦　現場での実践で新しい経験を積み、実力を磨いていく

受け入れてもらえる場づくりをしながら、次の段階は、前述した二つの課題への回答を引き出していくために、どうしていくか――ということになる。

このまま新しい職場で認められ、できるだけ長期間勤め続けていきたいと思うのか、それとも専門を絞って独立していくことを目指すのかによって、多少の違いはあるが、何れにしても、まずは自分の生きがいづくりのための実践道場と考えて、ここで周囲から当てにされるような存在になることが大切であろう。

他社でいろいろな経験を積んできた高年齢の中途採用者は、粗探しの名人でもある。

黙っていてもいろいろな問題点が目に付くはずである。そこで、「こんなつもりではなかったのに」と愚痴をこぼしたり、不満に思ったりするか、それとも問題点に前向きにぶつかって、改善案を提案していく気概があるかが分岐点になる。

問題が多く目に付くということは、それだけやるべきこと、改善のための出番が多いということになる。これは願ってもないチャンスを与えられたのと同じである。

私がかつて訪問したことのある中小企業の中には、定年後の中途採用者からの改善提案が多く、若い社員の刺激になっているとか、毎年彼らの中から実用新案が生まれ、特許に結び付いているという会社が何社もあった。

こうした会社で働いている高年齢者は、前の勤務先では活かせなかった、眠っていた能力や経験を活かせる場に出会って、生きがいの手掛かりを手にしたことになる。

若い人と同じ土俵で相撲を取ったり、力を競うのではなく、成果を自分の手柄とせずに若い人に譲り、彼等の成長の糧にしていってもらうことが、企業の高年齢者への期待に応えることになり、またそれ以上に、自分に実力と自信を付けていくチャンスを広げていくことになるのではないだろうか。

⑧ 資格を取り、資格を活かせるようにしていく

裸の自分になって、未知の世間の人々から評価してもらうには、評価してもらえるような実績を挙げることが必要であるが、資格も評価の目安となるので、資格はあった方がよい。そこで、自分が現に取り組んでいる仕事に関連のある資格は、自分がその仕事に取り組んでいる時に取得した方がよい。何故ならば、実際の経験を伴わないペーパードライバーでは、いざという時に役に立たないからである。

実際に自分がその仕事に取組むことによって、いろいろなことが具体的に分かり、学んだことが実際に身に付くからである。カウンセラーの勉強をするなら、できるだけ日常多くの人々に接する現場に顔を出して、いろいろな人々に接する機会を持つようにすると、実際に身に付けやすい。

また、資格を取ったら直ぐに金になると思っている人も多い。下積みの苦労が如何に大切か、必要かということを知らない人が多い。前述した「知識があっても智恵がない」とか「評論家ではまずい」と言われないように、十分留意しておく必要がある。

例えば、中小企業診断士の資格を取るには大変な勉強努力が要る。だからといって、資格を取ったから直ぐ商売になるとは限らない。初めて診断に行った先では、海千山千の社長やベテランの幹部に向かって、何をどう質問したらよいかと戸惑う場面に出会うことが多い。実際の現場は応用問題ばかりなので、「家に帰って調べてから」でないと、問題点の指摘や提案が出来ないでは、診断先に足元を見られてしまう。「先方の話を聴きながら、頭の中に改善案が描けるようでなければ、一人前とはいえない。」と、私も中小企業診断士の資格を取った当初、指導してくれた先輩にしごかれたり、何度も冷や汗をかいたりした。

何よりも実践の場数を踏んで、小さな成功や失敗の経験を積み重ねていくことが必要で、再就職の場は、こうした貴重なトライファーストの場でもあると、考えていきたいものである。

4. 独立・起業への道を選ぶ

独立・起業への道は多岐にわたるので、一概には言えないが、新しく独自の道を開拓していくには、相当な気力・体力が必要なので、始めるならば早ければ早い方がよいと思う。万一失敗した場合でも、気力・体力が十分ならばやり直しがきく。独立資金の準備が必要な場合もある。

いずれにしても、それまでの仕事に関する自分の経験や知識の内容や、仕事への関わり方の密度等が基盤として必要であり、その活かし方を考えることになる。

前述したように、定年後の勤務延長や再就職先での勤務期間中に、専門の分野で実務経験や知識の幅を広げながら、実質的なコンサルタント的な実力を深めていき、これを次のチャンスに結び付けていくことも、一つの準備の在り方であろう。

技術士・税理士・経営士・中小企業診断士・産業カウンセラー・社会保険労務士等として独立開業していく道もあるが、これも資格を取っただけでは仕事にならない。それぞれの団体に加入したり、先輩から直接実地指導を受けたりして、実力を身に付けていくことが必要であり、職域開拓も容易ではないので、それなりの覚悟が要る。

参考までに、私の周辺の人たちを見ると、在職中から、定年前後の年齢にかかわらず、産業能率大学や同短大の通信教育や、各種の夜間講座を受講して、実務的な勉強をしてきた人が多い。

同校は日本における経営コンサルタントの草分けの一人である上野陽一氏が、在職中の人たちを主対象に、実際の経営管理に役立つ実務教育の必要を痛感して創立された学校で、企業の経営者やその後継者、管理職やその候補者を始め、将来プロコンサルタントを目指す人々が多く利用している。

独立・起業の道を選んだ人の実践事例

（1）人生多毛作時代に対応し、98歳まで現役で通した藤田弥吉氏

藤田弥吉氏（以下F氏）は定年（当時は55歳）まで35年間、電気技術者として大手繊維会社に勤務。その後専門を活かしてコンサルタントとして独立した。60歳で経営士の資格を取り、建設産業経営研究会に参加して、建設業界の経営近代化のため、中小建設専門業者の経営改善指導に取組む。その傍ら、67～89歳にわたる22年間、工業専門学校の講師として電気工学・設備管理工学を担当し、若い学生に人気があり、進んで彼等の就職指導・相談に乗っていた。研究意欲が旺盛で、90歳でＩＳＯ１４０００Ｓインストラクターの資格を取得した。

また77歳の時に真言宗密教（醍醐派）に入門。86歳から中国の専門家に就いて気功を学び始め、2年後に指導士の認定を受け、90歳の誕生月に『気功との出会い』(気功の入門書）を出版、これを基に自ら気功塾を開設、以後5年間受講者の指導に当たっていたが、講義中に突然倒れて救急車で入院。脳梗塞と診断された。その後私もお見舞いに伺ったが、不自由な手を使って真剣に、小学生がやるような書き方の練習をしている姿に感銘を受けた。左図は入院後1年間「一に忍耐、二に我慢、三四がなくて五に辛抱」の生活を余儀な

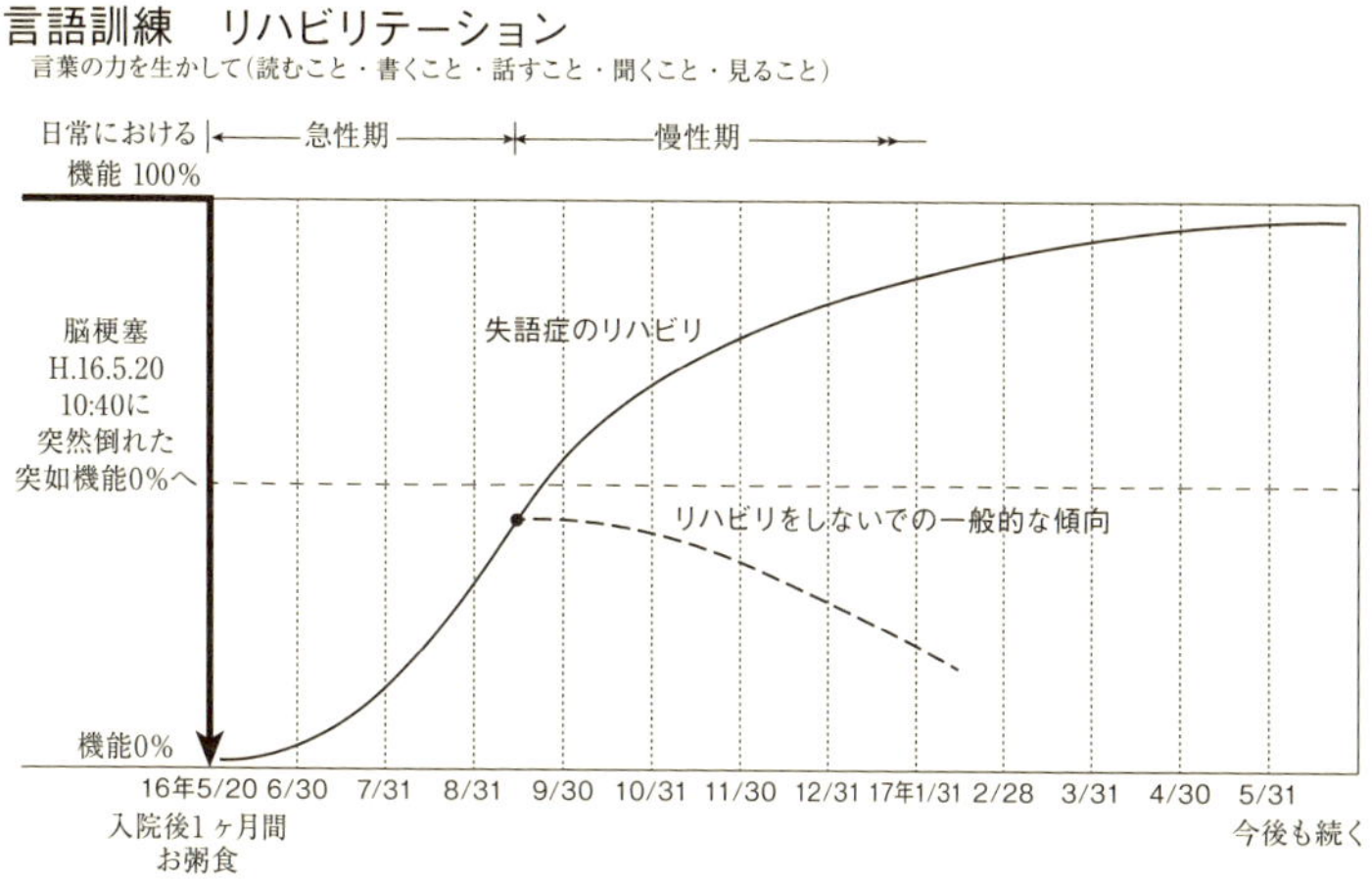

くされた日々の心境をまとめた俳句集『耕す』から転載したものであるが、その冒頭には「耕すとは、田や畑を掘り起こし作物を植えることですが、自分の心に決めた方法でもって自身を切り開いていくには　どうしたらよいか？」とあった。

Ｆ氏は多趣味で、「日々をより充実した人生にしたいとの思いから、その時々に自由に自分と向き合える時間を作ろう」と、俳句をよくし、時々色紙を頂いたが、95歳のときに、それまでに詠んだ三百句を整理して編集、『心の風景』を、翌年にも三百句まとめて『せせらぎ』を発刊した。Ｆ氏の若々しい作品の一部をご紹介しておこう。

天高く吾が志まだ老いぬ
除夜の鐘自然と人が響きあう
淀みなく逆らわずして春の川
秋深し静かに雲の流れ追う

F氏は打てば響く、感度の良い行動的な人であった。何か頼まれても、直ぐに返事をしないと、自分の方からこれではどうかと言ってくるような人だった。99歳で亡くなった。

（2）自らの体験を踏まえて定年後も働ける会社を創設した上田研二氏

上田研二氏（以下U氏）とは、私が高年齢者雇用アドバイザー（厚生労働省）の仕事をしていた時のご縁である。U氏は数年前に体調を崩し、パーキンソン病であることが判明したが、「歩けるうちは青春」を信条として毎日出社していた。（当時73歳）

U氏は家庭の事情で進学を諦め、いろいろな仕事をしながらやっと高校を卒業、1956年東京ガスに検針員として入社した。当初はやる気の無い駄目社員だったというが、25歳の時に出会った直属の上司の指導を受けるようになってから、心を入れ替えて真面目に仕事に取り組むようになった。当時高卒仲間ではよく「やっぱり学卒はいいよナ……」といった話が出ており、当初は自分も同じように考えていたが、仕事にやりがいが出てくるにつれて、「体系だった知識では学卒にかなわないかも知れないが、仕事に関する実践的な知識と智恵では、決して負けないぞ」という自信を持てるようになり、その後の努力で高卒ながら、社内では異例の出世をして、本社役員の一歩手前まで昇進した。53歳のときに、赤字に転落した子会社A社の再建のため、取締役営業本部長として出向を命じられ、再建に成功したが、引続きA社の協力会社だった赤字のT社に、社長として再出向を命じられ、社長在任のまま1998年、東京ガスを定年退職した。

U氏はこの両社とも人員整理をしないで再建に成功したが、定年を迎えた社員たちが、まだ元気で、経験・技能・知力も十分なのに働く場を失い、生きがいを無くしていくのを見ていて、何とか働き続ける環境が作れないものかと考えるようになった。特にT社は社員の平均年齢が高く、55歳以上の社員が全体の30％以上を占めていた。

一方会社の方も、仕事量の変動が大きく、その対応に苦労していたので、定年年齢を過ぎても働けるような独自の人事制度を整備したいと考えた。しかし、東京ガスの子会社、そのまた下の協力会社という立場では、親会社の了解を得るのは困難な状況であった。

そこで有志が出資して、親会社の系列から独立した新会社を創り、定年退職して「毎日が日曜日」となる人に社員として登録してもらい、T社の仕事をしてもらうように出来ないものかと考えた。こうしたU氏の発想と、熱心な親会社への働きかけの努力が実り、2000年1月に、昔の仲間や趣旨に賛同する知人等有志が出資して、資本金1千万円で新会社を立ち上げることが出来た。そして他からの制約を一切受けることなく、独自の経営理念・経営方針で新会社を経営していけることになった。ただし、T社の社長を引き受けたときの経営上の責任があり、かつT社と新会社とは受注側と発注側の関係になるので、当座は仲間の一人が社長を引き受け、２００３年にU氏がT社の社長を退任し、退社してから正式に新会社の社長に就任して今日に至っている。

会社創立の目的は、定年退職者の豊富な知識・経験を活かしてもらう「働く場」と「生きがい」を提供することに在ったので、名前を聞けば直ぐにどんな会社なのか分かってもらえるように、社名を「(株) 高齢社」とした。

仕事は高齢者を対象とする人材派遣業であるが、一般の派遣会社と異なる点は、採用は60歳以上で定年なし（当時の在籍最高年齢者79歳）。全員を登録社員とし、社員証も発行している。登録社員の80％は東京ガス及びその関連会社の定年退職者なので、ガス業界のOBを中心とした人材派遣業ともいえるが、最近は他社の出身者も増えており、仕事の範囲もガス関連業務以外に、マンションの管理業務その他にまで広がっている。

業務は働く人の都合を優先して、希望日に合わせて出勤日を決めている。人事関係以外の情報は全てオープンにしており、経営利益の30％を社員に還元している。

就業希望者との面接では、本人が保有する資格・技能・特技・適性、希望する仕事や就労可能日数・時間外などの他、家族の健康状態も確認している。これは定年退職者ともなると、家族に体調の悪い人を抱えているケースが多いので、それを考慮に入れて、仕事を斡旋する必要があるからである。

さらに就労が決まったら、必ず次のような「就労時のお願い事項」を配布している。

● 職場での人間関係の早期確立のために

ア、挨拶は自分から。派遣先企業の立場になり、新入社員のつもりで。

イ、たとえ上長がかつての部下でも「さん」付けで。現役時代の職位・資格は言わない。

ウ、過去の成功談（自慢話）はしない。派遣先社員には教えて頂くという姿勢で。

● 心構え

ア、自分以外はお客様。自分の給料はお客様から頂いていることを忘れない。

イ、かつての部下も、後輩も、今はすべてお客様という意識を。

ウ、身辺はきれいに。人は常に厳しく見ていることを忘れずに。（以上抜粋）

（U氏の好きな言葉）

過去から現在を見た時の今は、自分にとって一番歳を取った時でありますが、現在から未来を見据えた時の今は、自分にとって一番若い時であります。それ故、今日一日を常に大切にし、いつまでも青春の心を持ち続け、これからも、それぞれの立場で精一杯光り輝き、社会に貢献できる人間でありたい。

（3）技能経験を活かしたボランティア活動で生きがいの場づくりを始めた渋谷パソねっと（パソコンサロン）

自分一人だけの生きがい探しに止まらず、生きがいの場づくりを、志を同じくする仲間と共有しながら、更にこれを多くの人々にも広げていこう、という発想で活動をしているグループがある。

家の中に引きこもりがちな高齢者たちに、外に出て行くきっかけを作ろう。そして一緒に学びながら仲間を作り、学んだことを実際に、これからの自分の日常生活や趣味に活かしていける喜びを見出し、自分の生きがい、楽しみにつなげていってもらおうと、皆さんが参加しやすいような、和やかな雰囲気づくりを工夫しながら、パソコンを教えているグループである。車椅子の人も参加している。（高齢者向けパソコンサポート）

外に出て行けない障害者やその家族からの求めがあれば、福祉施設と連携を取りながら自宅や施設に出向いていってパソコンを教える。初心者にはパソコンの購入や使い方の相談に乗る。（福祉・障害者パソコンサポート）

こうして一般のパソコン教室とはひと味違った運営を、メンバーで企画・相談しながら進めているボランティアグループである。これも立派な生涯現役の生き方の一つではないだろうか。

グループの名称は「渋谷パソねっと（ＳＰＮ）」という。２００５年12月に、「自立支援功労者」として、東京都渋谷区から表彰を受けた。以下その概要をご紹介しよう。

このグループは、渋谷区内の60歳以上の高齢者や障害者を対象に、パソコン学習のサポートをしているボランティアグループである。受講者だけではなく指導員も、ホームページやボランティアセンターを通じて高齢者の参加を呼び掛けており、自らの経験を活かせるようなチャンスを提供している。

１９９９年に大野直孝氏が中心になって、渋谷区の広報で有志を募り、翌年発足した。大野氏はその後事情があって手を引かれたが、設立の中核になった人たちが志を受け継いで、会の運営を軌道に乗せ現在に至っている。

当初は渡辺章現会長が経営している会社の事務所を、土曜日に教室として借用したり、事務所のパソコンやメンバーが自分のパソコンを持ち寄ったりして使用、場所の確保やパソコンの調達に苦労していたが、メンバーの協力によってだんだんと周囲の関係者の理解・支援が得られるようになり、現在では受入れ環境も整い、受講者の希望にも対応していけるようになっている。

このグループは、創立メンバーの一人だった、中村隆昭氏（日立を定年半年前に退職し独立自営）等が中心となって作成した次のような明確な理念・方針を掲げて運営している。

（使命と目的）

1．「誰もが自由に、平等に情報を得られる情報格差のない社会をつくる」ことを目指す。

2．会員のボランティア精神に基づいた自発的な非営利活動を行う。

3．特定の政治・思想・宗教に偏らず、主に高齢者及び障害者を対象に支援活動を行う。

（活動の三本柱、説明略）

1．自治体や地域と密着したパソコン教育活動

2．独自のパソコン教室の開催

3．障害をお持ちの方（個人）からの依頼に対応

（活動方針）

1．自宅から外出しにくい人を中心にパソコン教育を実施し、情報格差をなくす活動をしていく。

2．「楽しく参加してもらう」、「楽しく覚えてもらう」、「楽しく仲間になってもらう」をコンセプトにして、パソコン教育を実施する。

3．障害者の方からのサポート依頼（パソコンのトラブル復旧、教育、質問等）の対応を

積極的に行う。

4．会員全員が参加して、「会の方針の検討」を行い、その方針に基づいて「ボランティア活動」を行っていく。

会員の中核メンバーは全員が、会長を中心に高齢者担当、障害者担当、総務担当その他の役割分担を決め、これに40人前後の指導員を兼ねた補佐役が協力して運営している。指導員はパソコン経験者であれば年齢不問としており、20歳代から80歳代までの男女と幅広い。パソコン経験のある定年退職者、それに最近では休暇を利用した学生や若い勤労者の参加者も増えている。

教材はすべて受講者に合わせてオリジナル作成しているが、受講者が高齢者・障害者であるため、内容には工夫が求められる。また最近はパソコンを持参する受講者が増え、機種やバージョンの多様化等に対応した内容や教え方の工夫も必要になってきている。したがって教材の内容や教え方も、受講者のレベルや希望を検討しながら、全員で相談して決め、交代で作成している。

毎月定期的にミーティングを行い、受講状況を見ながら必要に応じて指導員の研修（ボランティア学習会）を実施しているが、会の費用で他のボランティア研修会にも参加できるようにしている。

その他お互いの情報交換はメールによる。報酬は交通費程度ということである。

やさしいパソコンサロン（教室）は、半年単位で新しい希望者を募集し、初級終了後さらに学習を続けたい人のためにはフォローアップ教室がある。仕事に役立てたいとか、家計簿やデジカメ併用での年賀状づくりなど、実生活や趣味に役立てている受講者も、毎回10～20人ほどいるという。

教室は数箇所に分かれているが、それぞれ月2回、月謝は7回で3千円としている。

受講者の平均年齢は70歳前後、80歳以上の人もいる。教え方は受講者の手助けをするという立場を忘れずに、個人指導を併用して、質問に答えながら進めており、指導員の説明の仕方が早すぎないか、難しすぎないか、言葉遣いや応対の態度はどうかなども、指導員研修のテーマに取り上げられているという。パソコンは自分のものを持参してもよく、備品を借りることもできる。

サロンという名前の通り、休憩時間には指導員のサービスでお茶とお菓子が出る。受講者も指導員も一緒になって談笑し、くつろげるようにしているので、通っているうちに親しい仲間が増えていく。

時には皆で新宿御苑等に出掛けて写真を撮り、教室での授業で、自分の撮った写真を使って葉書を作るといった親睦を兼ねた催しも実施している。

このようにして、年配の指導員は指導員同士の相互啓発を通じて、新しい経験を加えながら教える喜びを共有し、教えてもらう年輩の人たちも、仲間意識を深め合いながら刺激し合って、パソコンを日常生活に活かしていこうとしている姿に、私は大きな感銘を受けた。

山口宗秋（やまぐち　むねあき）

大正14年２月東京都生まれ。昭和42年山口経営人事研究所開設。人事・賃金管理を中心に、中小企業の経営診断・改善指導に当たり今日に至る。

この間に通産省中小企業近代化審議会調査員、新潟県委嘱特別診断員、東京都大田区委嘱診断員、東京都千代田区商工相談員、定年延長アドバイザー（神奈川県）、富士短期大学講師（賃金管理論）、高年齢者雇用アドバイザー（厚生労働省・東京都）、社・日本経営士会関東支部副支部長その他を歴任。

現在、山口ヒューマンコンサルティング代表。

元・高齢者雇用アドバイザー（厚生労働省）

元・中小企業診断士、社会保険労務士、経営士、産業カウンセラー。

〔主な著書〕

『社長交代はこうやる－後継者の選別・育成』（同友館)、『組織改革の実務－組織改正・組織調査』（総合法令)、『人事分析の基礎』（日本経営士会)、『賃金制度をめぐるこれからの課題』（日本経営士会)、『人と組織の活性化』（大成事業協同組合連合会)、『建設会社の運営マニュアル』（清文社・共著)、『高年者を上手に活かす企業、活かせない企業』（産業能率大学出版部)、『生涯現役」時代への挑戦』（産業能率大学出版部）他多数

編集協力：木村文章店

本文イラスト：阿見みどり

表紙・本扉：はし本かづ人デザイン工房

NDC914
神奈川　銀の鈴社　2016
160頁　18.8㎝（90歳が語る 臨終定年と生きがいづくり）

銀鈴叢書　ライフデザイン・シリーズ　2016年7月31日初版発行
本体1,600円＋税

90歳が語る 臨終定年と生きがいづくり
―― 60代、70代ではまだ見えず傘寿を過ぎて見えてくるもの ――

著　者　山口宗秋©
発 行 者　柴崎聡・西野真由美
編集発行　㈱銀の鈴社 TEL 0467-61-1930　FAX 0467-61-1931
〒248-0005　鎌倉市雪ノ下3-8-33
http://www.ginsuzu.com
E-mail　info@ginsuzu.com

ISBN978-4-87786-521-4 C0096
落丁・乱丁本はおとりかえいたします。
印　刷・電算印刷
製　本・渋谷文泉閣